Pinchas Lapide

Er predigte
in ihren Synagogen

Jüdische Evangelienauslegung

Gütersloher Verlagshaus
Gerd Mohn

Originalausgabe

CIP-Titelaufnahme der Deutschen Bibliothek

Lapide, Pinchas:
Er predigte in ihren Synagogen: jüdische Evangelienauslegung /
Pinchas Lapide. – Orig.-Ausg., 6. Aufl., (30.–35. Tsd.). –
Gütersloh: Gütersloher Verl.-Haus Mohn, 1991
   (Gütersloher Taschenbücher Siebenstern; 1400)
   ISBN 3-579-01400-5
NE: GT

ISBN 3-579-01400-5

6. Auflage (30.–35. Tsd.) 1991
© Gütersloher Verlagshaus Gerd Mohn, Gütersloh 1980

Umschlagentwurf: Dieter Rehder, B-Kelmis
Gesamtherstellung: Clausen & Bosse, Leck
Printed in Germany

Inhalt

I. Das Credo eines jüdischen Neutestamentlers

Was hat ein gläubiger Jude mit Jesus und dem Neuen Testament zu tun? Wie kommt einer, der sich nicht zum christlichen Glauben bekennt, dazu, den biblischen Kanon zu seinem Forschungsgebiet zu machen?

Mein Judentum ist »katholisch« genug – im ursprünglichen Sinn von »allumfassend« –, um Platz zu haben sowohl für Spinoza als auch für Philo von Alexandrien, sowohl für Jesus als auch für Josephus Flavius. Ich sehe keinen Grund, auf eine Leuchte des Judentums, wie der Rabbi von Nazareth es war, zu verzichten, nur weil mir einige der christlichen Christusbilder nicht zusagen.

Der junge Martin Luther schrieb im Jahre 1523 in seiner Schrift »Daß Jesus Christus ein geborener Jude sei«:

»Und wenn wir gleich hoch uns rühmen, so sind wir dennoch Heiden – und die Juden: von dem Geblüt Christi. Wir sind Schwäger und Fremdlinge; sie sind Blutsfreund, Vettern und Brüder unseres Herrn. Darum, wenn man sich des Bluts und Fleisches rühmen soll, so gehören die Juden Christo näher zu denn wir.«

Vierhundert Jahre später bestätigt Martin Buber diese Ansicht des Reformators mit folgenden Worten:

»Wir Juden kennen Jesus von innen her, auf eine Weise, eben in den Antrieben und Regungen seines Judewesens, die den ihm untergebenen Völkern unzugänglich bleibt.« (Dialogisches Leben, Zürich 1947, S. 138)

Hans Küng hat wohl recht, wenn er betont, daß es die Tatsache des Judeseins Jesu war, die Christen seit eh und je befremdet hat. Er hat aber nicht weniger recht, wenn er hinzufügt:

»Der Jude kann aus seinem Judentum heraus im NT neue Aspekte entdecken, die dem Christen oft genug entgehen.« (Christsein, S. 163) Was heißt das konkret?

Was mich mit Jesus verbindet

Das heißt, zum Beispiel, daß ich eine sechsfache Verbundenheit mit Jesus spüre, die ihn mir vielleicht in manchem näherbringt als christlichen Theologen in Europa und Amerika. Ich will sie in Kürze aufzählen:

● Zuerst der »*Sitz im Leben*«: Sowohl die Geographie als auch die Topographie des Landes Israel, samt seiner Flora, Fauna, Landwirtschaft, das Klima und die Luft – ja, der ganze irdische Hintergrund des Nazareners ist meine Heimat und mein Mutterboden, genau wie sie die seinen waren.

● Da ist, zweitens, *die Sprache*: Ich spreche und denke hebräisch – mit Aramäisch als Zwillingsidiom. Hebräisch ist für mich sowohl die Landessprache für den Alltag als auch die heilige Sprache für Gebet und Gottesdienst – genau wie für ihn, dessen Sprachdenken und Redeweisen einzig und allein semitisch geformt und geprägt sind.

● Da ist, drittens, *das Bibelverständnis*. Für ihn und für mich ist die hebräische Bibel – was Christen das »Alte Testament« nennen – die einzige Schrift, die wir als heilig verehren, da sie die Lehre Gottes beinhaltet wie auch die Berichte vom Heilshandeln Gottes mit Seinem Volk. Wir beide legen sie nach rabbinischen Regeln aus,– wobei für uns beide die Voraussetzung gilt, daß jedem Bibelwort 70 Auslegungsmöglichkeiten innewohnen (siebzig, nach der Bibelzahl der Völkerökumene) und es keinen jüdischen Papst gab und gibt, der imstande wäre, eine einzige Exegese zur Orthodoxie oder zum Dogma zu erheben – um die restlichen 69 zu verketzern.
Alle 70 stehen gültig da vor Gott, wie es in einer rabbinischen Maxime heißt.

● Da ist, viertens, *die orientalische Phantasie,* die in Bildern und Gleichnissen spricht, um die letzten, unsagbaren Heilswahrheiten anzudeuten, und der die abendländische, einengende Wortwört-lichkeit fremd ist. Der Weinstock, die bösen Winzer, der Feigen-baum, die Söhne des Reiches, der verlorene Sohn, das große Gastmahl, der gute Knecht – all diese und Hunderte von anderen Bilderreden und Sprachgemälden sind eindeutige Anspielungen, die für bibelkundige jüdische Ohren gesprochen sind. Sobald sie ins Griechische übersetzt werden – und dann noch auf Theologen-deutsch –, klingen sie fremd, oft verzerrt, fast immer unnatürlich – wie eine Palme an der Nordsee. »Auch die beste Übersetzung«, so lehrte uns Martin Buber, »ist Über-Setzung und übt Ersetzung! Den Urlaut und den Ursinn gibt sie nie.«

● Da ist, fünftens, *die Sorge um Israel*. So wie Jesus einst um sein Volk bangen mußte, sowohl vor der Heidenmacht von au-ßen, als auch vor dem Unglauben im Innern, so bangen wir gläu-bigen Israelis heute. Von draußen drohen Gefahren, die ebenso groß und grausam sind wie Anno dazumal, und von innen droht der Unglaube heute wieder so manchen Juden zu entjuden. Diese besorgte Liebe zu Israel, die Hand in Hand mit dem Durst nach Erlösung geht, schafft eine psychologische Gemeinsamkeit, die oft zu einem tieferen Verständnis verhilft und so manches Logion in ein neues Licht stellt.

● Nicht zuletzt geht es um *das Ungesagte*. Um die Worte Jesu richtig zu verstehen, bedarf es zweier Dinge: des Textes, den man sorgfältig, oft auch kritisch lesen muß – und all dessen, was Jesus nicht zu sagen brauchte, da es jüdisches Geistesgut war, mit dem er und all seine Zuhörer völlig vertraut waren.

Während für den Text gute Augen genügen, bedarf das Ungesag-te eines hellhörigen Gespürs, oder, wie Jesus wiederholt betonte: Wer Ohren hat, der möge es hören! Auf gut hebräisch heißt das: Bitte nehmt mich keinesfalls wortwörtlich, sondern lauscht in die Sinntiefe hinter dem Wortlaut!

All das Selbstverständliche an jüdisch-biblischen Vorkenntnissen, das Jesus mit Recht voraussetzt, gleicht jenen sechs Siebentel ei-nes Eisberges, die verborgen unter Wasser bleiben – aber Vorbe-dingung sind für jene sichtbare Spitze, die aus dem Wasser her-vorragt.

Nur jene Gedankenwelt galiläisch-pharisäisch-rabbinischer Prägung, die seine geistige Umwelt war, öffnet den Zugang zu seiner Predigt und verleiht seinen Worten die volle Ausstrahlungskraft. Hier ergänzen sich das Gesagte und das Ungesagte, das Lehrgut und seine Voraussetzungen zu einem organischen Ganzen, das nur in seiner lebendigen Fülle den wahren Sinn erschließt.

Wer den ausgesprochenen Wortlaut, der sich bei Jesus häufig mit subtilen Andeutungen begnügt, von seinem wortlosen Mutterboden trennen will, der entzweit eine Einheit, die in ihrer Unzertrennlichkeit dem Ölbaum und seinen unterirdischen Wurzeln gleicht (Vgl. Röm 11,16–18).

Ein paar Beispiele mögen diese Eisberg-Theorie aufhellen:

»Und am dritten Tag fand eine Hochzeit statt zu Kana in Galiläa«, so lesen wir zu Beginn des 2. Kapitels des Johannesevangeliums. Warum ausgerechnet am »dritten Tag«, wo doch keinerlei Hinweis in den vorhergehenden noch in den folgenden Versen zu finden ist, der diese exakte Zeitangabe erklären oder rechtfertigen könnte?

Der Jude bedarf keines zusätzlichen Kommentars, denn er weiß, daß es sich hier um nichts anderes als um den Dienstag handelt, dem dritten Tag aus dem Buche Genesis, da ja die Schöpfung am ersten Tag begann – dem Sonntag – und am siebenten Tag, der der Sabbat ist, vollendet wurde. Dieser »dritte Tag« gilt seit uralten Zeiten als idealer Trauungstag, da er den biblischen Vorzug genießt, daß es an ihm allein zweimal heißt:

»Und Gott sah, daß es gut war!« (Gen 1,10 und 1,12) Hierin sehen die scharfsinnigen Rabbinen ein doppelt gutes Omen: eins für die Braut und eins für den Bräutigam. Und daher fand jene Hochzeit zu Kana, wie fast alle jüdischen Trauungen bis auf den heutigen Tag, »am dritten Tag« der Schöpfungswoche statt.

Ähnliches gilt für Jesu *Versuchung in der Wüste,* wo es heißt, er habe vierzig Tage und Nächte gefastet – eine biologische Unmöglichkeit – was fromme Juden jedoch automatisch an die vierzig Jahre der Wüstenwanderung erinnert, deren Leitmotiv ja auch die Erprobung der Glaubensstärke Israels war – wie auch an die vierzig Fasttage des Moses (Ex 34,28) und des Propheten Elia (I Kön 19,8), mit denen Jesus nicht weniger als siebzehnmal in den Evangelien verglichen wird.

Wenn der Jude im *Gleichnis vom verlorenen Sohn* liest: »Da ging er hin und verdingte sich ... zum Schweinehüten« (Lk 15,15), so weiß er, daß es sich hier um eine innerjüdische Parabel handelt, die von einem verlotterten Sohn erzählt, der bis zum Abschaum der Menschheit herabgesunken ist. Eine Tatsache, die auf hebräisch mit Schweinehüten am besten zum Ausdruck kommt.

»*Wenn nun dein Auge gesund ist,* wird dein ganzer Leib gesund sein ... wenn aber dein Auge schlecht ist, wird dein ganzer Leib finster sein.« (Mt 6,22 f. und Lk 11, 34)

Was die beiden Evangelisten hier offenbar nicht ganz verstanden haben, ist, daß »gutes Auge« ein Hebraismus für »Wohlwollen« und »schlechtes Auge« ein Synonym für »Mißgunst« ist.

Warum sendet Jesus *zuerst 12 Apostel* aus? Weil die Zahl Zwölf für den Juden Ganz-Israel symbolisiert. Hiermit wird stenographisch ausgesagt, daß der Rabbi von Nazareth weder auf die verlorenen Stämme, noch auf die verlorenen Schafe des Hauses Israel verzichten will, obzwar es zu seinen Lebzeiten nur noch zwei Stämme gab. Doch ihm ging es um das ursprüngliche und das endzeitliche Israel, da er das Gottesvolk, genau wie die Propheten vor ihm, als eine einzige Heilsgröße ansah, die er in ihrer Gesamtheit erlösen will.

Hingegen bezeichnet *die Zahl 70,* der Völkertafel dem 10. Kapitel des Buches Genesis gemäß, den Gesamtbereich der heidnischen Völkerwelt, für deren Entsühnung in Jerusalem im Tempel alljährlich am Laubhüttenfest 70 Stiere geopfert wurden.

Wenn wir also im 10. Kapitel des Lukasevangeliums lesen: »Danach ernannte der Herr noch 70 andere«, so braucht der Jude gar nicht weiterzulesen, um aus dem Wörtlein »danach« zu schließen, daß es sich hier um eine Weiterentfaltung der ursprünglichen Sendung handelt.

Das Wörtchen »noch« sagt ihm, daß dies als Zusatz zu den zwölf Aposteln gilt, keineswegs als Ersatz, während ihm die Zahl Siebzig eindeutig zu verstehen gibt, daß der Missionsbereich Jesu und seiner Jünger von nun an, von Israel ausgehend, auf die ganze Welt erweitert werden soll.

Schließlich darf wohl auch gesagt werden, daß ein beträchtlicher Teil des Abendmahlstreites der Reformatoren im 16. Jahrhundert der sprachlichen Relevanz entbehrt, da das Zeitwort in den Stiftungsworten Jesu *»Dies ist mein Leib«* weder im Hebräischen noch im Aramäischen existiert. Wenn also Martin Luther zu Marburg anno 1529 dreimal auf den Tisch schlug und zu Zwingli sagte: »Aber es steht doch geschrieben: Est, est, est!«, so war von einer Vokabel die Rede, die Jesus selbst mit bestem Willen nicht über die Lippen hätte bringen können – denn seinen semitischen Muttersprachen ist und bleibt sie völlig unbekannt.

Dies sind nur einige spärliche Beispiele für die lapidare Heilsstenographie des Nazareners, der eine unerschöpfliche Fülle von Sinn und Bedeutsamkeit zwischen den Zeilen und hinter den Worten zu übermitteln wußte.

Dies waren, in Kürze, die sechs Beziehungspunkte, von denen ich meine Legitimation als jüdischer Neutestamentler herleite. Ich fühle mich also keineswegs wie einer, der seinen christlichen Kollegen ins Handwerk pfuscht, sondern eher wie einer, um mit Johannes zu sprechen, »der in das Seinige kommt«.

Urkunde jüdischen Glaubens

Doch die Verbundenheit Jesu mit dem Judentum, dem er entstammt, reicht noch weiter. Wer die Evangelien heute in Jerusalem vorurteilslos zu lesen vermag, wird bald gewahr, daß es sich hier um eine Urkunde jüdischen Glaubens handelt, die *von* gläubigen Juden, vorerst *für* gläubige Juden, *über* Juden verfaßt worden ist. Anders gesagt: Juden waren seine ersten Autoren, Juden sein erstes Zielpublikum und wiederum Juden sein hauptsächlicher Gegenstand. Keine spätere Verfremdung und redaktionelle Umschreibung kann dieses Evangelium seiner drei jüdischen Grundsäulen berauben. Dieser Tatbestand schien auch dem Kardinal Suenens vorzuschweben, als er unlängst in einer Kirchenfunksendung sagte, die den Titel »Die Juden gehören auch zur

Ökumene« trug: »Wir müssen der orientalischen Ausdrucksweise näher kommen, die den Juden in ganz besonderem Maße eigen ist, um unsere eigenen Quellen besser zu verstehen ... Die Juden haben da eine heilige Tradition, eine Kontinuiät, eine Sprache und einen Stil, der uns hilft, die Seiten unserer Evangelien besser zu verstehen.«

Wer als Jude sich in dieses NT vertieft, bemerkt nach einiger Zeit eine siebenfache Kontinuität, die dieses Schrifttum unzertrennlich an die jüdische Bibel schmiedet. Nicht so sehr eine Kontinuität der Theologie ist es, obwohl auch hier die Konvergenz die Divergenzen bei weitem überflügelt, sondern hauptsächlich eine nahtlose Kontinuität jüdischer Hoffnungskraft, jüdischen Schöpfungsoptimismus, jüdischer Endzeiterwartung, prophetischen Heilsuniversalismus, jüdischen Ethos und jüdischer Moralität, totalen jüdischen Gottesvertrauens, jüdisch-messianischer Ungeduld – und nicht zuletzt: jüdischen Leidens und Martyriums. Diese Kontinuität kann auch rein quantitativ bewiesen werden. Wer mit einer Schere aus dem NT alle 452 Stellen und Zitate, die aus dem AT stammen, herausschneiden würde, dem bliebe eine fragmentarische Rumpfschrift in der Hand, die kein Mensch als fortlaufenden Bericht entziffern könnte.

So jüdisch ist der Mutterboden, so hebräisch ist die Grundstruktur aller vier Evangelien.

Und wer vor seinen jüdischen Augen noch eine hebräische Brille trägt, der merkt bald, warum das Griechisch des neutestamentarischen Textes oft so schlecht ist. Die hebräische Vorlage, die seit den Tagen des Kirchenvaters Hieronymus verschollen ist, schimmert auf fünf verschiedenen Ebenen deutlich durch. Sie sollen hier ganz kurze Erwähnung finden:

● Da ist zuerst die rein lexikalische Ebene: *Amen, Hosanna, Halleluja, Rabbi, Sabbath, Messias* – all diese und zwei Dutzend andere Hebraismen und Aramaismen bleiben bis heute unübersetzbare Lehnworte in alle Sprachen Europas – Ein Widerhall der Stimme Jesu! Die Evangelisten geben ja selbst zu, daß sie auf Schritt und Tritt aus den beiden Muttersprachen Jesu übersetzen:

13

»*Immanuel* – das heißt übersetzt: Gott mit uns!« So lesen wir bei Matth 1,23.

»*Ephata* – das heißt übersetzt: Tu dich auf!« So schreibt Mark 7,34.

»*Korban* – das heißt auf hebräisch: Opfergabe,« so erklärt Mark 7,11, seinen Lesern.

»Der Platz des Steinpflasters, der auf hebräisch *Gabbata* heißt ... und die sogenannte Schädelstätte, die im hebräischen *Golgotha* bedeutet,« so lautet es bei Joh 19,13. 17.

»*Rabbi* – das heißt übersetzt: Meister« (Joh 1,39)

»Messias – das heißt übersetzt: Christus« (Joh 1,41)

»*Kephas* – das wird übersetzt: Petrus« (Joh 1,42)

Kein Wunder, daß bei so zahlreichen und tiefgreifenden Übersetzungen sich hie und da auch Fehlübersetzungen einschleichen müssen:

»*Talitha kum* – was übersetzt heißt: Mädchen, ich sage dir: steh auf!«, sagt Mark. 5,41 – was man nur als Über-Übersetzung bezeichnen kann, denn die beiden aramäischen Worte bedeuten ja nur: Mädchen, steh auf!« (eigentlich: Schäfchen steh auf!).

»*Rabbuni* – das heißt auf hebräisch: Meister«, so schreibt Joh 20,16. Hier irrt der vierte Evangelist sowohl in der Identifizierung der Sprache – die hier Aramäisch ist – als auch in seiner Übertragung des Titels, der wohl am besten als »mein Gebieter« wiederzugeben ist.

Ebenso revisionsbedürftig ist die Übersetzung des Titels «*Menschensohn«,* die bestbelegte Selbstaussage Jesu, auf der ein ganzes Hypothesengebäude von Christologien aufgebaut worden ist.

Das hebräische »ben-adam« und das aramäische »bar-enasch« bedeuten jedoch Adamssohn, was einem Normalmenschen völlig entspricht; nicht Menschensohn sollte es daher heißen, sondern sinngemäß: Mensch, oder: jedermann; oder: Unsereiner.

Falls es jedoch die Absicht Jesu war, auf Daniel 7,13 hinzudeuten, so steht dort im Urtext »ke-bar-enasch«:

»Es kam aber einer auf den Wolken des Himmels *wie* ein Mensch ...« was Martin Buber »als Menschenähnlicher« übersetzt, aber keineswegs als »Menschensohn«, einen Begriff, den es in den beiden semitischen Muttersprachen Jesu gar nicht gibt.

In der ältesten Aussage über die Entstehungsgeschichte der Evangelien berichtet der Bischof Papias um das Jahr 135 n. Chr.: »Der Jude Levi, später Matthäus genannt, hat *zuerst* die Logia Jesu geordnet und dieses Werk in der hebräischen Sprache verfaßt.« Worauf der vielsagende Schlußsatz folgt: »Und jeder übersetzte sie, wie er eben konnte.«

● Die zweite semitische Sprachebene ist die der Syntax und der Grammatik. In über 100 Fällen allein bei Matthäus wurde die griechische Grammatik vergewaltigt, um sie hebräischer Satzbildung und Wortfolge übergetreu anzuschmiegen.

● Da ist drittens die begriffliche Ebene: *Himmelreich, Gnade, Reue, Rechtfertigung, Sühne,* ja – das ganze Vokabular des Heils ist dem klassischen Griechisch genauso wesensfremd, wie es Urgewächs aus hebräisch-biblischem Mutterboden ist.

● Die vierte ist die theologische Ebene: *Messianität; Heilsgeschichte; Der Wille Gottes und die Menschenpflicht* – diese Infrastruktur hebräischer Theologie wurde recht und schlecht – oft mehr schlecht als recht – in die Sprache der Philosophen übertragen, wo sie rein sprachlich dem aufmerksamen Leser ihre alttestamentliche Abstammung deutlich zu erkennen gibt.

● Nicht zuletzt gibt es eine unterirdische Schicht von verborgenem Hebräisch, das nur zutage tritt, wenn man griechische Stellen, die zweideutig, obskur, verworren oder fast sinnlos anmuten, behutsam in das Hebräisch des ersten Jahrhunderts zurückübersetzt. Prof. Eugen Biser, der den Romano-Guardini-Lehrstuhl an der Universität München innehat, schreibt in seinem Buch »Die Gleichnisse Jesu«:

»Schon früh setzt jene Verdunkelung des ursprünglichen Verständnisses ein, die ebensosehr den christlichen Geist hemmte, wie sie die vom Zeitgeist eingegebenen Irrtümer begünstigte ... Die vielfach verdeckten Texte lassen sich oft gar nicht anders als auf dem Weg der Ausräumung von verfestigten Irrtümern und Fehldeutungen zum Sprechen bringen ... Eine Anzahl von Einzelfragen sind erst durch Rückübersetzungen und Erkundungen der zeitgeschichtlichen Situation zu beantworten.« (S. 39)

Hier gilt es, Neuland zu erschließen, um so manches Rätsel der Exegeten auf einen Abschreibfehler oder Verlesefehler zu reduzieren, dunkle Jesusworte zu verdeutlichen und in vielen Fällen zu Einsichten zu gelangen, an denen der griechische Evangelist offensichtlich ahnungslos vorbeigegangen ist.

Einige Beispiele sollen diese grundlegende Hebraizität der Evangelien beleuchten:

»Du sollst ihm den *Namen Jesus* geben, denn er wird sein Volk erlösen« (Matth 1,21); das ist auf griechisch, deutsch und in allen anderen Sprachen im Grunde so nichtssagend wie unverständlich. Warum könnte er nicht Simon, Juda oder Abraham heißen und ebensogut sein Volk erlösen? Erst bei der sprachlichen Restauration fällt der Sinn, das Wortspiel und der Rhythmus ins Auge: Wekarat ät schemo Jeschua ki joschia et amo. Denn *Jeschua* heißt wörtlich »er wird retten« oder »Gott wird erlösen«. Hier wird bezeugt, daß Jesu Namensgebung nicht weniger prädestinierend und symbolisch sei als die Abrahams («der Vater vieler Völker« (Gen 17,5), Sarahs (»Fürstin«, Gen 17,15), Isaaks (»er lacht«, Gen 17.17. 19) Judas (»Lobpreis«, Gen 29,35), Rubens («Seht den Sohn«, Gen 29,32) und vieler anderer Gestalten aus der hebräischen Bibel.

»Wie wird dies geschehen, da ich keinen Mann erkenne?« (Luk 1,34) fragt Maria den Engel mit scheinbarer Prüderie. Erst wenn klar wird, daß »erkennen« auf hebräisch auch die geschlechtliche Einung von Mann und Frau bedeutet (vgl. Gen 4,1), da dies zu einem innigen Kennenlernen führt, versteht man die Sachlichkeit von Marias Einwurf.

Im Gleichnis vom Sämann erklärt Jesus, daß drei Dinge das Wort Gottes ersticken: »die weltlichen Sorgen, der Trug des Reichtums und *die Begierden nach dem übrigen*«,(Mark 4,19) – wobei die letzten drei Worte auf griechisch fast wie »etcetera« klingen. Der Grund für diese scheinbare Sinnlosigkeit wird im Hebräischen klar: Chischkei ha-sche'er heißt »Gelüste des Fleisches«, kann aber auch (unvokalisiert) als chischkei ha-schear gelesen werden, das als »Gelüste des Restes« übersetzt werden müßte. Zweifelsohne käme die zweite Leseart für einen hebräischkundigen Juden kaum in Frage.

Was Jesus dem fallsüchtigen Knaben sagt, grenzt auf griechisch (Mark 9,23) ans Unverständliche: »*Das, wenn du kannst*« hieße es wörtlich auf deutsch. Des Rätsels Lösung liegt im hebräischen Artikel: »ha«, der jedoch auch als Präfix für Fragen und Ausrufe verwendet werden kann. Wenn in der Quelle also vermutlich stand: *ha-im tuchal*, wäre die einzig richtige und dem Zusammenhang entsprechende Wiedergabe: »Wenn du nur könntest!«

Völlig unglaubwürdig sind die »*etwa 2000 Schweine*« aus Mark 5,13, die alle plausiblen Dimensionen einer Schweineherde – und Schweine sind keine Herdentiere!– bei weitem übertrifft. Auch Matth 8,32 und Luk 8,33 scheinen dieser Meinung gewesen zu sein, da sie zwar den Schluß der Gerasa-Perikope fast wörtlich nach Markus wiederholen, aber die Anzahl der Schweine wohlweislich verschweigen. Wieder scheint das Hebräische hier zu helfen: Ka'alafim, ohne Vokale geschrieben, heißt »in Gruppen« oder »in Rudeln«, da das Stammwort äläf sowohl: »Vieh, Rinder« als auch: »tausend« oder: »Sippe«, heißen kann. Ka'alafim könnte daher auch als ke'alpaim gelesen werden, was »etwa 2000« heißt.

»Zu Golgotha … gaben sie ihm *Wein mit Galle gemischt* zu trinken.« (Matth 27,33f.) Was auf griechisch und deutsch wie ein Akt des Sadismus für den zum Kreuze Verurteilten klingt, wird auf hebräisch ein letzter Ausdruck tatkräftigen Mitleids: Es war der Rauschtrank aus starkem Wein und Myrrhe oder Weihrauch, den angesehene Pharisäerfrauen in Jerusalem allen zu verabreichen pflegten, »die hinaus gingen, um hingerichtet zu werden« (Sanh 43a), um ihre Todesqualen durch Betäubung zu mildern.

Nach Matthäus (27,38) und Markus (15,27) wurde *Jesus zwischen »zwei Räubern«* gekreuzigt, wobei einige späte Markus-Handschriften das als unecht erkannte Einschiebsel hinzufügen: »Und erfüllt wurde die Schrift: Und unter die Gesetzlosen wurde er gezählt« – ein klarer theologisierender Hinweis auf den leidenden Gottesknecht in Jes 53,12. Aufschlußreich ist hier das griechische

Wort für »Räuber« oder, wie Luther übersetzt: »Schächer«: *Lestes*, das sowohl Strabo und die Seleuziden für die hasmonäischen Freiheitskämpfer als auch Josephus Flavius – 42mal in seinem »Jüdischen Krieg«!– und die Römer für die Zeloten und Guerilla-Insurgenten zwecks Charaktermordes verwendet haben. Das Schmähwort war zu Jesu Zeiten so gebräuchlich, daß es als Lehnwort (lestes, leistim) in den jüdischen Sprachgebrauch aufgenommen wurde und auch im rabbinischen Schrifttum des öfteren erscheint (so z. B. Sanh 46b AZ 25b). Da auch Barabbas in Joh 18,40 solch ein »Räuber« (lestes) genannt wird, während Mark 15,7 uns von ihm erzählt, er sei »zusammen mit den Aufrührern … beim Aufstand« gefangen genommen worden, erlaubt die Rückhebraisierung im Zeitgeist des ersten Jahrhunderts eine Ehrenrettung der beiden »Räuber«, die nichts anderes waren als militante jüdische Patrioten. Ob Jesus, der zwischen ihnen als »König der Juden« seinen Tod fand, ganz so sanft und unpolitisch in seinem Streben war, wie es das vierte Evangelium wahrhaben will, soll dahingestellt bleiben.

In der Salbungsperikope in Bethanien spricht sowohl Matth 26,6 als Mark 14,3 vom »*Hause Simons, des Aussätzigen*«, während nach Luk 7,36–50 der Gastgeber Jesu »ein Pharisäer namens Simon« ist. Daß Jesus im Hause eines stadtbekannten Aussätzigen mit seinen Jüngern die Nacht verbracht haben soll, ist besonders unglaubwürdig, da die Ausschließung der Aussätzigen aus der Gemeinde seit Bibelzeiten (Lev 13, 45 f.) deutlich angeordnet und ausgeführt worden ist. Sie erfolgte weniger aus sanitären Gründen – obwohl die meisten Rabbinen die Ansteckungsgefahr betonen –, sondern zum Schutz der theokratischen Heiligkeit des Volkes, die durch die »Unreinheit« des Aussatzes besonders gefährdet erschien. Daß es sich hier um mehr als rituelle Unreinheit handelt, bezeugt das rabbinische Schrifttum, in dem der Aussatz als Plage angesehen wird, die unmittelbar von Gott über einen Menschen verhängt werde, und zwar als Strafe für Verleumdung, Hochmut, Unzucht und Blutvergießen. (vgl. Arachin 16a; Tanch B 10 (25a); Nu R 7.) Daß auch zu Jesu Zeiten die Absonderungsgesetze streng gehandhabt wurden, bestätigt Josephus Flavius:

»Die Aussätzigen durften weder in einer Stadt noch in einem Dorfe wohnen.« (Contra Apionem I,31)

Eine Rückübersetzung zeigt, daß in der verschollenen Quelle höchstwahrscheinlich Schim'on ha-zanua stand, was leicht irrtümlich als: Schim'on ha-zarua (vgl Lev 28,3) gelesen werden konnte – wobei das letztere »Simon, der Leprakranke«, das erstere jedoch »Simon, der Essener« bedeutet. Der »Essener« wurde vielleicht bei Lukas in der Macht der Gewohnheit zum Pharisäer verwandelt, da der dritte Evangelist in ähnlichen Worten von zwei anderen Einladungen Jesu in die Häuser von Pharisäern spricht. (Luk 11,37; 14,1)

Die Aufklärung dieses Mißverständnisses ist besonders wichtig, da es den ersten schriftlichen Hinweis auf freundlichen Kontakt zwischen Jesus und den Essenern liefert, mit deren Lehre die seine zahlreiche Affinitäten aufweist.

Diese Liste von Rückhebraisierungen könnte unschwer verlängert werden. So manche exegetischen Schwierigkeiten wie etwa: *die Verwünschung des Feigenbaums* – nur deshalb weil er keine Feigen trug, als es »nicht die Zeit der Feigen war«? (Mark 11, 13), die Heimat Jesu (Bethlehem? Nazareth? Kfar Nachum?), die leidige Frage nach dem *Datum des Abendmahls,* warum *Jesus »Nazoräer«* heißen mußte (Matth 2,23) – und eine ganze Reihe anderer Unklarheiten könnte mit Hilfe der Judaistik einer einleuchtenden Lösung nähergebracht werden.

Das Fazit: Wir stehen heute höchstwahrscheinlich an der Schwelle einer neuen Epoche in der neutestamentlichen Forschung, die mit den Entdeckungen der ältesten griechischen Handschriften im vorigen Jahrhundert vergleichbar ist. Anderthalb Jahrtausende begnügte man sich in der Christenheit mit der Vulgata – dem lateinischen Text der Evangelien, der nichts anderes ist als die Übersetzung einer Übersetzung,– um dann schrittweise zum griechischen Text vorzustoßen. Heute erst wird langsam klar, daß man ohne Hebräisch und Aramäisch keine echte Einsicht, weder in den Geist noch in den ursprünglichen Wortlaut der Evangelien erlangen kann. Denn weder Jesus noch seine apostolische Gemeinde samt ihren ersten Tradenten, dachten griechisch oder gar lateinisch.

Nur die »Hebraica Veritas« die Hieronymus einst so überschwenglich rühmte, kann uns die Worte Jesu selbst erschließen helfen und uns »zu den Quellen« zurückführen, um uns jenen Jesus von Nazareth zu vergegenwärtigen, der allzu lange durch dikke Schichten von Übertragungen, Übersetzungen und Überlagerungen uns allen entfremdet worden ist. Martin Luther hat diese Binsenwahrheit schon vor 450 Jahren erahnt. In seinen Tischreden schreibt er:

»Die Ebräische Sprach ist schlicht und wenig von Worten, aber da viel hinter ist; also, daß es ihr keine nachtun kann ... wenn ich jünger waere, so wollt ich diese Sprache lernen, denn ohne sie kann man die Schrift nimmer mehr recht verstehen. Denn das NT obs wohl griechisch geschrieben ist, doch ist es voll von Ebraismis und ebraeischer Art zu reden. Darum haben sie recht gesagt: Die Ebraer trinken aus der Bornquelle; die Griechen aber aus den Waesserlin (der LXX), die aus der Quelle fließen; die Lateinischen aber aus den Pfuetzen« (der Vulgata). (Tischreden WA, Band I, S. 525 f.)

Eugen Biser sagt in seiner »Theologischen Sprach-Theorie«, daß es zunächst auf jenes ungebrochene Verhältnis von Theologie und Offenbarungswort hin zu arbeiten gilt ... »um der Theologie endlich aus ihrer szientifischen Überfremdung herauszuhelfen;« denn, »an ihrem Verhältnis zur Sprache entscheidet sich das Schicksal der Theologie«. Woraus Biser folgert: »Das gibt der zu bewältigenden Aufgabe weithin den Charakter einer Rekonstruktion.« (a. a. O. S. 22 ff.)

Auf der Suche nach dem »fünften Jesus«

Genau das schwebt mir vor auf der Suche nach dem »fünften Jesus«; nicht dem der vier griechischen Evangelisten, sondern dem ursprünglichen, vorkirchlichen, der in den Synagogen Galiläas predigte, der gut rabbinisch mit seinen Lehrkollegen stritt und debattierte, an den Petrus und die Seinen glauben konnten, als Künder, als Prophet und als begnadeter Gottesmann. Dieser fünfte Jesus – der irdische, dreidimensionale, lebensnahe und glaubwürdige, dessen Fleisch schwach war wie das unsere, der das Leben liebte und Angst hatte vor dem Tod, dieser *vere homo* ist auch das Ziel der Forschung einer ganz neuen Art von Wissenschaftlern, die für christliche Ohren wie ein Selbstwiderspruch klingen mag: des jüdischen Neutestamentlers.

Was motiviert einen gläubigen Juden, der in der Tradition seiner Vorväter verankert ist, seine Lebensarbeit dem NT zu widmen? In meinem Fall war es ein Rabbiner, der für alle noch lebenden deutschen Juden zum Inbegriff geworden ist. Sein Name ist Leo Baeck. Er war der letzte große Rabbiner des deutschen Judentums. Sein Traum war es, nicht nur eine neue Blütezeit der deutsch-jüdischen Kultursymbiose anzubahnen, sondern auch Wegbereiter einer christlich-jüdischen Versöhnung zu sein. So gut wie alle seine Brückenarbeiten und Veröffentlichungen, wie z. B. »Die Pharisäer«; »Wege im Judentum«; »Judentum in der Kirche« und »Der Menschensohn« wurden von der GESTAPO für wichtig genug gehalten, um öffentlich verbrannt zu werden. Im Jahre der »Reichskristallnacht«, als es für Juden nur allzu klar war, daß Jesus dem Christentum verlorengegangen war, fand Leo Baeck die Zeit und Muße, den jüdischen Jesus als verstoßenen Bruder bei sich aufzunehmen.

In den seltenen Pausen seiner aufreibenden Arbeit in der »Reichsvertretung deutscher Juden«, wo er tagtäglich um Erleichterung für die Todgeweihten, um Aufschub, um ein Hinauszögern der Brutalitäten betteln mußte, brachte er es fertig, »Das Evangelium als Urkunde der jüdischen Glaubensgeschichte« in Buchform zu vollenden. Sein Anliegen – Lichtjahre von den seelischen Qualen seines Alltags entfernt – war die Restaurierung des Urevangeliums, um durch die anfängliche jüdische Überlieferung zum wahren Jesus vorzustoßen.

Im Jahre 1943 kam er als Häftling ins Konzentrationslager Theresienstadt, wo er bis zum Ende der geistige Mittelpunkt blieb, »ein Leuchtturm in einem Tränenmeer im Gewoge der Verzweiflung«, wie es in einer späteren Geschichte des Lagers hieß. Er wurde von den SS-Leuten als Zugpferd eingesetzt und mußte den Karren mit den Abortkübeln ziehen. Sein »Mitpferd« war ein Philosophieprofessor. Während sie tagtäglich die schwere Last zogen, diskutierten sie auf jedem ihrer Wege über Gott und Seine Welt, über Leben und Tod und über die Würde des Menschen. In kleinen Lagerräumen, in Holzbaracken und unter freiem Himmel hielt er Vorträge über Plato und Kant, über Jesaia und Hiob – eine einzige jahrelange Bergpredigt aus der Talsohle der Verlassenheit, die unverzagt und unbeirrbar die Frohbotschaft der Bibel bezeugte:

»Unser Vater im Himmel ist nicht tot – auch wenn Menschen Seines Ebenbildes zu Unmenschen geworden sind!«

Als die Russen Theresienstadt befreiten, gehörte Rabbi Baeck durch Zufall – oder Vorsehung – zu den 9000, die von 140000 Häftlingen die Leiden des Lagers überleben konnten.

»Vater, vergib ihnen, denn sie wissen nicht, was sie tun!« (Luk 23,34) so betete einst Rabbi Jeschua am Römerkreuz für seine Peiniger. Anno 1945 übte Rabbi Baeck all seinen persönlichen Einfluß aus, um die deutschen Wärter und Wachmannschaften vor Racheakten zu schützen – und sobald er sich geistig und körperlich erholt hatte, gehörte er zu den ersten, die Versöhnung zwischen Deutschen und Juden predigten.

In seinem Buch über das jüdische Urevangelium lesen wir: »Die vielumstrittene Frage, wie aus der alten Botschaft von Jesus, dem Messias, die Evangelien, die im NT stehen, geworden sind, kann nur von einem aus beantwortet sein: von dem Bereiche her, in dem all dieses Geschehen hervorgewachsen ist.« »Von dort allein, aus seinem Raum und seiner Zeit kann das alles für uns deutlich werden. Erst wenn die Weise der mündlichen Überlieferung, wie sie im Judentum Palästinas damals lebte, in ihrem Seelischen, in ihrem dichtenden Erzählen und Vernehmen verstanden ist, kann auch Zusammenklang wie Zwiespalt in unseren Evangelien begriffen sein ... Im folgenden ist es unternommen worden, die Furchen dieser Überlieferung aufzuzeigen. Wenn man ihr folgt, ist es möglich, zu dem Ursprünglichen, zu der alten Botschaft hin zu gelangen. In ihnen allein ist auch der Weg, der zu den Anfängen des Christentums hinführt ... Es ist kein Herbeigerufenes, sondern ein Erschienenes, wenn damit das Evangelium als ein Stück jüdischer Geschichte, und kein geringes, als ein Zeugnis jüdischen Glaubens hervortritt ... Manches in den Evangelien bietet das Bild eines Palimpsestes, über die alte Kunde ist Neues gleichsam hinübergeschrieben worden. Aber im ganzen ist es doch möglich, zu dem Ursprünglichen hindurchzugelangen.«

Rabbi Baeck ist sich der Schwierigkeit bewußt, die solch eine Quellenscheidung im zusammengewachsenen Palimpsest der Evangelientexte bietet, aber er glaubt, daß Scharfsinn, Intuition und Sprachkenntnisse diese Aufgabe bewältigen können. Und dieses Urevangelium will er heimholen in sein weltweites Judentum, um Jesus als Leuchte Israels innerhalb seines Volkes zu rehabilitieren. Und so heißt es in der Folge:

»In dem alten Evangelium, das sich derart auftut, steht mit edlen Zügen ein Mann vor uns, der während erregter, gespannter Tage im Lande der Juden lebte und half und wirkte, duldete und starb, ein Mann aus dem jüdischen Volke, auf jüdischen Wegen, im jüdischen Glauben und Hoffen, dessen Geist in der heiligen Schrift wohnte, der in ihr dichtete und sann, und der das Wort Gottes kündete und lehrte, weil ihm Gott gegeben hatte, zu hören und zu predigen. Vor uns steht ein Mann, der in seinem Volke seine Jünger gewonnen hat, die den Messias, den Sohn Davids, den verheißenen suchten und in ihm dann fanden und festhielten, die an ihn glaubten, bis daß er an sich zu glauben begann ... Einen Mann sehen wir in dieser alten Überlieferung vor uns, der in allen den Linien und Zeichen seines Wesens das jüdische Gepräge aufzeigt, in ihnen so eigen und so klar das Reine und Gute des Judentums offenbart, einen Mann, der als der, welcher er war, nur aus dem Boden des Judentums hervorwachsen konnte und nur aus diesem Boden hervor seine Schüler und Anhänger, so wie sie waren, erwerben konnte ...« »Wenn so diese alte Tradition vor den Blick tritt, dann wird das Evangelium, dieses jüdische, welches es ursprünglich war, zu einem Buche, einem nicht geringen, im jüdischen Schrifttum ... Es ist ein jüdisches Buch durchaus und ganz deshalb, weil die reine Luft, die es erfüllt, und in der es atmet, die der Heiligen Schrift ist, weil jüdischer Geist, und nur er, in ihm waltet, weil jüdischer Glaube und jüdische Hoffnung, jüdisches Leid und jüdische Not, jüdisches Wissen und jüdische Erwartung, sie allein es durchklingen – ein jüdisches Buch inmitten der jüdischen Bücher. Das Judentum darf an ihm nicht vorübergehen, es nicht verkennen, noch hier verzichten wollen. Auch hier soll das Judentum sein Eigenes begreifen, um sein Eigenes wissen.«

Der fromme Jude Jesus

Deutlich geworden seit Jahrzehnten ist eines: Jesus und Judentum gehören zusammen. Wirksam geworden seit Jahrhunderten ist jedoch die Spaltung zwischen Jesu Brüdern und seinen Jüngern.
Die Kernfrage heute lautet: Bleibt es beim Bruch – oder wird er zur Brücke?
Für jüdische Neutestamentler besteht kein Zweifel darüber, daß Jesus auf Erden ein frommer Jude war, der Brücken bauen wollte – nicht Haß säen noch Entzweiung bringen oder gar Blutvergießen. Wenn Juden in diesem Evangelium eine Urkunde jüdischen Glaubens entdecken, so hoffen sie, damit zu einer vertieften Konkretisierung des irdischen Jesus zu gelangen: als *vere homo* – ganz im Sinne des kirchlichen Credo, das ja auch sein wahres Menschentum betont. Hier sind sich christliche und jüdische Wissenschaftler im Grunde einig, da ja der Gott Israels, der auch der Gott Jesu von Nazareth ist, nie ein Gott der Philosophen war, sondern der Schöpfer-Gott aus dem Buche Genesis, der aufs geschichtliche Diesseits aus ist – und das heißt: die Heilung dieser Erde und aller Gott-gegebenen Leiblichkeit, auch und gerade im Falle der sogenannten Menschwerdung, die von Christen nicht ernst genommen wird. Ein Ernstnehmen dieser »Menschwerdung« des Nazareners, in all ihren greifbaren Implikationen, würde so manches dürre Dogma mit historischem Fleisch und Blut beleben und die Glaubwürdigkeit des Christentums als reale Wirklichkeit bedeutsam untermauern.
Um die Vermenschlichung eines Menschen geht es letztlich, der

als Idealmensch und als Gottesmann Milliarden von Menschen zu einem besseren Leben und einem leichteren Tod verholfen hat.

Schließlich und endlich bedeutet der Begriff aus dem kirchlichen Glaubensbekenntnis, »vere homo« nichts anderes als »wahrhaftiger Mensch« – weder Übermensch noch ein verkleideter Gott oder gar ein abstrakter Luftmensch, der über dieser Erde auf rosa Wolken dahinschwebt.

Zum wahren Menschen gehören aber sowohl Sehnsucht, Zorn, Hoffnung, Enttäuschung und Leidenschaften als auch zwei Füße, die fest auf dieser Erde stehen. Aber vor allem bedarf es unverzichtbar der Zugehörigkeit zu einem Volk, einer Sprache, einer bestimmten Zeit, einer Gedankenwelt und einer spezifischen Glaubensweise. In all diesen Attributen seines Menschseins war Jesus Jude. Kein lauwarmer Randjude oder entwurzelter Halbjude, wie es sie schon immer gegeben hat – und auch heute gibt –, sondern Kernjude und Volljude, im besten Sinn des Wortes.

Vere homo heißt also, im Falle Jesu, nichts anderes als: Vere Judaeus. Alles, was ihm vom Stall in Bethlehem an bis hin zu Golgotha wiederfuhr, ist nur aus seinem frommen Judesein heraus zu erklären und zu verstehen. Nichts von all dem, was er tat und sagte, was er lehrte und predigte, was er vollbrachte und was er unterließ, hat Sinn und Bedeutung außerhalb Israels.

Und schließlich: Nur unter Juden konnte er solche Jünger und Anhänger, solche Kritiker und Gegner finden, wie sie uns die Evangelien so anschaulich schildern. Kann also dieses Judentum von Jesus abstrahiert werden, ohne seinem Heiland-Sein Gewalt anzutun? Ist Israel auch nur für einen Augenblick aus seinem Leben wegdenkbar oder irrelevant? Oder ist sein intensives Jude-sein, sein ausschließliches Wirken innerhalb Israels ein blinder Zufall, eine bloße Episode, die zur Vorgeschichte des Christentums gehört?

Es fehlt auch heute nicht an namhaften christlichen Theologen, die alle drei dieser Fragen bejahen würden.

In den Worten von Markus Barth, in seinem Büchlein »Was bedeutet es, daß Jesus ein Jude ist?«:

»Sicher ist, daß heute vielen Menschen die Erinnerung an den

25

Juden Jesus ablösbar erscheint vom Glauben an Jesus Christus. Darum bedeutet für sie der Satz: daß Jesus ein Jude ist, nichts anderes, als daß sie beleidigt, betrübt, geärgert, ja zum Widerspruch, Verdacht und Haß gereizt werden.« (a. a. O. S. 7)

Die Antwort auf diesen unterschwelligen Antijudaismus, der bis heute weiterwuchert, steht eindeutig im NT – für alle, die bereit sind, den Text vorurteilslos zu lesen: »Unser Herr ist dem Stamme Juda entsprossen«, sagt der Hebräerbrief (7,14), er ist aus »dem Samen Abrahams«, betont Paulus (Gal 3,16ff.) und fügt, der Sicherheit halber, hinzu: Er ist »von einer Frau geboren, dem Gesetz unterworfen« (Gal 4,4), ein »Diener der Beschneidung gewesen« und gekommen, »damit er die den Vätern gegebene Verheißung erfülle« (Röm 15,8). Als solcher bekennt er sich ohne Abstriche zum Credo des Judentums (Mark 12,29ff.); er war *gewohnt*, am Sabbath in der Synagoge zu beten und zu predigen (Luk 4,16), er pilgerte regelmäßig, Jahr für Jahr, nach Jerusalem (Luk 2, 41), und von sich selbst behauptete er, daß er »täglich im Tempel zu lehren pflegte« (Matth 26,55).

Ebenso bestätigen die Evangelien, daß dieser Jesus im Glauben Mosis geboren, beschnitten und erzogen wurde, daß Israel der Adressat seiner Botschaft war, daß er sich »nur zu den verlorenen Schafen des Hauses Israel gesandt wußte« (Matth 15, 24) und seine Jünger warnte, »nicht zu den Heiden zu gehen« (Matth 10,5).

Auch nicht zu einem abstrakten oder idealen Israel fühlte sich Jesus gesandt, sondern er wirkte sein ganzes Erdenleben lang im irdischen, fleischlichen und sündigen Israel – wie es uns die Propheten so deutlich beschreiben – samt seinen Huren, Ausbeutern und Abtrünnigen, von denen Jesus auf keinen einzigen verzichten wollte. Es ist und war ein dreidimensionales Israel, das in nahtloser Kontinuität und Identität steht mit dem leiblich-geschichtlichen Volk der Juden – kein Jota besser oder schlechter als das Israel Moses, Davids, Jesaias oder das heutige Israel des 20. Jahrhunderts. Wenn es für Jesus gut genug war, ihm all seine Liebe, bis hin zum Martertod zuzuwenden, dürfte es wohl auch akzeptabel sein für die Lehrer der Theologie in unseren Tagen?

Zweierlei also ist das Anliegen eines jüdischen Neutestamentlers heutzutage: Erstens – die Gestalt Jesu von jenem häufig übertreibenden Mirakulismus zu lösen, der für die Evangelisten im 1. Jahrhundert notwendig war, um die damalige Heidenwelt in den ihr vertrauten Denkstrukturen von der Heilsbotschaft aus Jerusalem zu überzeugen.

Eine solche »Entschlackung« soll keineswegs den Glauben an Wunder widerlegen, wohl aber die Wundersucht in Schranken halten. Die Rede ist von peripheren Ausschmückungen und Überzuckerungen, die in der Frühkirche vor 1900 Jahren sicherlich glaubensfördernd waren, aber heute jedem Normalchristen ein sacrificium intellectus abverlangen, das anno 1980 oft als glaubenshemmend empfunden werden muß. Da der weltentrückte, engelhafte Jesus der Buchstabengläubigen, die Wortwörtlichkeit mit Frömmigkeit verwechseln, an der realen Glaubensnot der heutigen Jugend vorbeiredet, besteht die Gefahr, daß viele junge, kritische Christen das Baby samt dem Waschwasser, den Glaubenskern mitsamt den zeitbedingten, alten Schalen verwerfen könnten.

Daher gilt es, die wohlgemeinten, aber oft übertriebenen Verherrlichungen der griechischen Evangelisten zu relativieren und historisch verständlich zu machen, um Jesus wieder zurück auf die Erde zu bringen und so herausfordernd und ansprechend zu gestalten, wie er einst in Galiläa und Judäa für viele Tausende von jungen Juden war. Anders gesagt, es gilt heute mitzuhelfen, die alten Schichten der spätgriechischen Überkrustung abzuschälen, um zurück zu den Quellen des ersten Christentums zu gelangen.

Doch dies wäre nur die Vorstufe zur Hauptaufgabe: der einer Wiederbelebung des irdischen Jesus von Nazareth. Denn, wie Gerhard Ebeling betont und Hans Küng unterstreicht: »Der Bezug auf den historischen Jesus ist für alle christologischen Aussagen konstitutiv … Es darf in christologischer Einsicht nichts über Jesus ausgesagt werden, was nicht im historischen Jesus selbst begründet ist.« (Zit. nach Zahrnt, Es begann mit Jesus von Nazareth, 1960. S. 115 f.)

Ich glaube, hier können Juden mithelfen, um diesen langverschollenen, verschütteten Nazarener wiederzuentdecken und so glaubwürdig und lebensnahe vorzuzeigen, wie es die moderne Judaistik mit all ihren Hilfsmitteln ermöglicht.

Hierbei handelt es sich weder um eine dünkelhafte Nivellierung noch um eine Einebnung Jesu oder gar um seine Einvernahme ins Judentum, sondern lediglich um die wissenschaftliche, logische und historische Erschließung des Nazareners; um einen alt-neuen Zugang zu jenem unsterblichen Mann aus Galiläa, der das Abendland zum Gott Israels geführt hat.

Dies entspricht dem Anliegen von Wolfhart Pannenberg, der die Leben-Jesu-Forschung als unverzichtbares Postulat seines Glaubens erachtet. In seinen Worten:

»Das mögliche Maß an Kenntnis von Jesu zu erlangen ist für das Christentum so wichtig, weil nur so der Glaubende dagegen geschützt werden kann, daß als Christusbotschaft verkündet und geglaubt wird, was vielleicht gar nichts oder nur sehr wenig mit Jesus selbst zu tun hat.« («Der Gottesgedanke und der Glaube Jesu«, Universitas Stuttgart, Dezember 1977, S. 125 f).

Und nach Ostern?

All dieses Bemühen um den vere homo des Credo und den »ecce homo« des Pontius Pilatus darf nicht den falschen Eindruck erwekken, als wolle es die nachösterliche Christologie widerlegen oder gar dem Glauben an die Auferstehung widersprechen.

Am Ostersonntag trennen sich ja nicht nur die Wege von Juden und Christen, sondern auch von Wissenschaft und Glauben. Genauso wie der Glaube der Wissenschaft ihre Forschungsresultate nicht vorschreiben sollte, genausowenig darf die Wissenschaft sich in reine Glaubensangelegenheiten einmischen. Die beiden sollten einander ergänzen und vervollkommnen; sicherlich nicht miteinander streiten, wie sie es seit der Aufklärung so vergeblich getan haben.

Zugespitzt hieße das, daß die 33 Erdenjahre Jesu Juden und Christen gemeinsam beschäftigen könnten; wobei es noch viel Wißbares, Unverstandenes und Mißverstandenes zu klären und zu verdeutlichen gibt – während Christus, sowohl vor seiner Geburt als auch nach seiner Himmelfahrt, als Gegenstand des Glaubens, nicht Objekt der historischen Wissenschaft ist (vgl. Eph 3,17). Und über gelebten Glauben kann man weder debattieren noch raisonnieren, man kann ihn nur als Intimbereich des Nächsten akzeptieren und einfühlsam respektieren.

Denn jeder echte Glaube ist im Grunde ein Aber-Dennoch-Glaube, der aller Logik zum Trotz, gegen allen Augenschein zu Einsichten vorstößt, die viel tiefer liegen, als alle Menschenweisheit es zu ergründen vermag.

Hiermit wird keine künstliche Gemeinsamkeit erschwindelt, keinerlei falscher Synkretismus erstrebt, sondern es wird nüchtern festgestellt, wo und wieweit gläubige Juden und Christen das Kernthema, das bis heute hauptsächlicher Grund ihrer Trennung war, nützlich und konstruktiv gemeinsam erforschen können.

In diesem Sinne kann der jüdische Neutestamentler feststellen, daß Jesus ein Jude war, den Pharisäern nahestand, ein großer Lehrer, ein Galiläer und ein genialer Parabeldichter.

Aber daß Jesus *nur* Jude war, *lediglich* ein Pharisäer, oder *nichts anderes* als ein Wanderprediger, das zu behaupten wäre höchst unbiblische Arroganz. Es widerspräche auch einer der Grundregeln derselben Pharisäer, die bis heute festlegt, daß es keine negative Zeugenschaft auf Erden geben kann. Mit anderen Worten: Niemand in Israel kann aussagen, was ein Angeklagter *nicht* gesagt oder *nicht* getan habe. Ebensowenig kann jemand heute bezeugen, was Jesus nicht gewesen sei. Was er den Quellen gemäß gewesen ist, was er vollbracht hat und was seine höchstwahrscheinlichen Aussagen waren – das können wir heute versuchen zu eruieren.

Was er außerdem und darüber hinweg seit Ostersonntag für gläubige Judenchristen zuerst und später für die Heidenkirche geworden ist, das bleibt ein unantastbares Monopol des Glaubens, das zum Mysterium der Kirche gehört.

»Ich weiß es nicht!« – das ist die einzig ehrliche Antwort, die Juden zur Christologie der Kirche machen können. Ich weiß ebensowenig, wo Jesus vor seiner Geburt war, wie ich nichts von seinem Schicksal nach der Auferweckung weiß. Daß er hinabgestiegen sei in die Hölle, aufgestiegen in den Himmel und nun zu Rechten des Vaters sitze – all das sind Glaubensaussagen, die ich weder verneinen noch bejahen kann. Sie entziehen sich sowohl meiner Wahrnehmung als auch dem Bereich der jüdischen Tradition.

Der Heiden Heiland

Etwas anderes weiß ich jedoch mit Sicherheit. Der eindeutige Missionsauftrag, den die Propheten an Israel ergehen ließen, hieß, »ein Licht für die Völker zu sein«:
»Ich, der Herr, habe dich berufen in Gerechtigkeit ... und habe dich gegeben zur Erleuchtung der Heidenwelt.« So kündet uns Gott durch Jesaias Mund (Jes 42,6) – um kurz darauf die Botschaft noch klarer erklingen zu lassen:
»Es ist nicht genug, daß du Mein Knecht bist, um die Stämme Jakobs aufzurichten und die Zerstreuten wieder heimzubringen; Ich habe dich *auch* zum Licht der Heiden gemacht, auf daß du bringest Mein Heil bis an die Enden der Welt!« (Jes 49,6)
Dieses Licht-Sein-für-die-Völkerökumene heißt im Judentum: Zeugenschaft ablegen – meist stillschweigend in Taten, im Vorleben und oft auch im Leiden – für Gottes Allmacht und Seine unerschöpfliche Gnadenliebe. Eine Zeugenschaft, die sich nicht anmaßt, Heiden zu Juden zu konvertieren, sondern es Gott allein überläßt, wie und wann Israels Dienst an der Völkerwelt Früchte bringen wird.
Diese »katholische Diakonie« an der Menschheit, die der einzige Grund unserer Erwählung ist, geht unserer Volksgeburt voraus.
Denn schon am ersten Anfang Israels wurde diese Missionsverpflichtung Israels gesetzt, als an den Stammvater die Verheißung erging: »Durch dich sollen alle Geschlechter der Erde gesegnet werden!« (Gen 12,3)
Alle Geschlechter, heißt es – noch lange bevor es ein Volk der Juden gab. Und wenn sein neuer, gottgegebener Name »Abraham« in der Heiligen Schrift als »Vater der Völkerfülle« gedeutet wird, so hört die rabbinische Überlieferung aus dieser Sinntiefe die Frohbotschaft heraus, daß er zum Vater des Heils für alle Menschen be-

30

stimmt ist, – eine Tradition, die sowohl Paulus als auch der Islam übernommen haben, um in ihm, als »Vater des Glaubens«, den geistigen Gründer aller drei Zweige der Göttlichen Offenbarungsreligion zu sehen.

Unser Auftrag hieß seit eh und je: die Heiden zum einen Gott zu führen, nicht aber in die Synagoge einverleiben, da wir die volle Gültigkeit anderer Heilswege seit Jahrtausenden anerkennen.

Mono-Theisierung ist unsere Mission, nicht Judaisierung! »Das Heil kommt von den Juden,« sagt der johanneische Jesus; es kommt *von* Israel – um *zu* allen Völkern zu gehen.

Die Propheten haben es gepredigt und vorausgesagt – als Teilerfüllung vollbracht jedoch wurde es im Namen Jesu von Nazareth.

Wenn diese Heilsbotschaft von der Liebe Gottes im Namen eines griechischen Philosophen oder eines römischen Augurs an die Völkerwelt gelangt wäre, so hätte ich wahrscheinlich große Schwierigkeiten, dies als Teil des göttlichen Heilsplanes zu erkennen. Da jedoch diese Mono-Theisierung des Abendlandes im Namen eines frommen Juden vollbracht wurde, den die Evangelisten 13mal als Rabbi titulieren, kann und muß ich seine Wirkungsgeschichte als integralen Teil des Heilsvorhabens Gottes anerkennen und die gläubige Kirche (nicht alle Taufscheinbesitzer noch Kirchensteuerzahler) als Gott-gewollte Heilsanstalt akzeptieren. Anders zu denken wäre, zutiefst gesehen, eine Verleugnung des Universalismus der Propheten Israels und der schrankenlosen Liebe Gottes.

Also muß er doch wohl mehr gewesen sein als bloß ein Tischlersohn aus Galiläa, der eine Bußbewegung ins Leben rief. Was dieses »Mehr« gewesen sei, das weiß ich auch nicht. Ein jeder Mensch ist einmalig – so lehren uns die Talmudväter. Ein jedes Menschenkind birgt in sich ein Mysterium, das keiner seiner Brüder ganz zu enthüllen vermag.

Im Falle Jesu fehlen uns die Glaubenskategorien, um ihn historisch einzustufen. War er ein Heilsprediger? Ein Wundertäter? Ein Mann Gottes? Ein Künder des Himmelreiches? Er war all dies, so scheint es in der heutigen Rückschau, doch dies genügt wohl kaum, um der unwiderlegbaren Tatsache gerecht zu werden, daß sich der ganze Okzident, von Island bis nach Chile, von Kalifornien bis nach

Sizilien, nach diesem Galiläer benennt und, dank ihm, Dutzende von Heidenvölkern gläubige Mono-Theisten geworden sind.

Jetzt könnte ich mit Hegel sagen: Wenn die Tatsachen mit meinen Theorien nicht übereinstimmen – um so schlimmer für die Tatsachen!

Wenn Jesus also nicht in unsere Glaubenskategorien hineinpaßt – um so schlimmer für Jesus! Doch das wäre unsinnig. Eindeutig klar ist, daß dieser Jesus von Nazareth, auf den unerforschlichen Wegen Gottes, zum Heilsbringer der Heidenwelt geworden ist – genau wie der greise Simon im 2. Kapitel des Lukasevangeliums es verkündet hat:

Jesus wurde »ein Licht zur Erleuchtung der Heiden und zum Preis des Volkes Israel«, das ihn hervorgebracht hat.

Das erste Lied im evangelischen Kirchengesangbuch ist eine uralte Hymne, die dem Bischof Ambrosius im 4. Jahrhundert zugeschrieben wird: »Veni, redemptor gentium!« Martin Luther hat sie anno 1524 verdeutscht zu: »Nun komm, der Heiden Heiland …«

Ich glaube, sowohl Ambrosius als Luther haben recht: Jesus von Nazareth ist zum Heidenheiland geworden. Dazu bedarf es keiner Theologie. Meine Augen und Ohren genügen, um diese Gegebenheit festzustellen.

Er mag auch der künftige Messias Israels sein – doch das werden wir erst erfahren, sobald er kommt oder wiederkommt. Denn eine Wiederkehr ist ja auch eine Ankunft, und »Parusie« heißt keineswegs Rückkehr, sondern Ankunft; genau so wie »maranatha« nicht bedeutet: »Herr, komm zurück!«, sondern schlicht: »Herr, komm doch!«

Den Streit über die Frage, ob er schon einmal da war oder nicht, sollten wir Juden und Christen auf den ersten Sonntag nach der Vollerlösung vertagen, wenn der Kommende uns selbst belehren wird.

Die Christen glaubten ihn zu kennen; wir Juden nicht. Aber da keiner von uns heutzutage an ein Sonderheil für Auserkorene noch an heillose Stiefkinder Gottes zu glauben vermag, so muß der so sehnlich Erwartete unser gemeinsamer Erlöser sein. Denn es kann ja nur einen einzigen Messias geben, nicht zwei verschiedene. Das gilt sowohl für die Heilslehre aller Kirchen als auch für die Endzeiterwartungen der Rabbinen.

Jürgen Moltmann schreibt in seinem Buch »Kirche in der Kraft des Geistes«:

»Durch seine Kreuzigung ist Jesus zum Heiland der Heiden geworden. In seiner Parusie aber wird er sich auch als Messias Israels erweisen.« (a. a. O. S. 160.)

Das scheint mir eine akzeptable Versöhnungsformel zu sein – bis uns Gott Gewißheit schenkt. Denn wenn es sich am »Tage des Herrn« herausstellen sollte, daß sich die christliche Hoffnung bewahrheitet hat, so soll das allen gläubigen Menschen nur recht sein. Gott weiß, was er tut, und Israel vertraut Seinem Willen blindlings und fraglos.

Inzwischen aber, »bis er kommt«, wie Paulus sagt (I Kor 11,26), leben wir beide auf Hoffnung; wir pilgern demselben Messias entgegen – und bauen zuversichtlich auf ein und dieselbe Gnadenliebe Gottes, ohne die unser Dasein sinnlos wäre.

Das ist die dreifache Bibelökumene, die Juden und Christen unwiderruflich aneinander bindet – ob sie es nun wollen oder nicht; ob sie es wissen oder nicht.

Sie zu fördern, und sei es auch nur um einen Schritt, das ist der Traum eines jüdischen Neutestamentlers.

II. Gebt dem Kaiser nicht, was Gott gebührt!

»Die Leser mögen Nachsicht üben, wenn wir vielleicht einige der schwer zu übersetzenden Ausdrücke unbefriedigend wiedergegeben haben. Es ist ja nicht gleich, ob man etwas in der hebräischen Grundsprache liest, oder ob es in eine andere Sprache übertragen wird.«

So schrieb der Enkel von Jesus Sirach im Vorwort zu seiner griechischen Übersetzung der Spruchweisheit seines Großvaters im 3. Jahrhundert vor der christlichen Zeitrechnung.

Diese Binsenwahrheit gilt auch für die Evangelien, die zwar auf griechisch überliefert wurden, jedoch zwischen den Zeilen und hinter dem Wortlaut ihre hebräische Vorlage unverkennbar durchschimmern lassen. Sicher ist, daß die jüdische Frohbotschaft Jesu von Nazareth ursprünglich in seiner semitischen Muttersprache formuliert wurde, die immer noch den Mutterboden und die Grundsubstanz des NT darstellt. Nicht weniger einleuchtend ist die Wahrscheinlichkeit, daß im Zuge der Übersetzung jener verschollenen Urschrift gewisse Gedankengänge umgedeutet wurden, Schlüsselbegriffe einen neuen Sinn erhielten, und die Denkstrukturen der Griechen dem jesuanischen Lehrgut nicht ganz gerecht zu werden vermochten. Denn letzten Endes hat das alte Sprichwort recht: Jede Übersetzung – auch die beste – übt Ersetzung. Den Urlaut und den Ursinn gibt sie nie. Ein Beispiel, stellvertretend für viele, soll hier versuchen, zur ältesten Schicht einer berühmten Episode aus dem Leben Jesu vorzustoßen.

Thron und Altar?

»Wider die mörderischen und räuberischen Rotten der Bauern«, so heißt eine Streitschrift Martin Luthers, worin der Reformator den Drang nach Freiheit des Pastors Thomas Münzer als »jüdisch« und antichristlich verwarf, um sich mit folgenden Worten auf Jesus selbst zu berufen:

»Denn im Neuen Testament hält und gilt Moses nicht, sondern da steht unser Meister Christus und wirft uns mit Leib und Gut unter den Kaiser und weltlich Recht, da er spricht: Gebt dem Kaiser, was des Kaisers ist!« (1525, WA 18,358)

In Luthers Predigt über Matth 22,15–22, die anno 1532 gehalten wurde, lesen wir im selben Sinn:

»Gleich wie Gott dem Kaiser sein Regiment nicht will zerrütten noch zerreißen ... also soll der Kaiser unserm Herrgott sein Regiment auch unzerrüttet und ganz lassen ... Denn diese zwei Reiche sollen unterschieden bleiben, nicht ineinander vermengt werden, daß Gott bleibe, was Gottes ist – und dem Kaiser, was des Kaisers ist.« (»Wider die mörderischen und räuberischen Rotten der Bauern«).

Ähnliches steht in der berühmten Papstbulle »Unam Sanctam«, die Papst Bonifaz VIII im Jahre 1308 veröffentlicht hat – und in einem evangelischen Kirchenlied aus dem Jahre 1789 heißt es:

»Schaue Jesum Christum an
er war auch ein Untertan
tu wie er ohn' alle Not
deiner Obrigkeit Gebot!«

Gebt dem Kaiser, was des Kaisers ist! Aus diesem kurzen, schicksalsschweren Satz haben die Kirchenlehrer seit Augustinus aller gläubigen Emanzipation einen theologischen Strick gedreht; sie haben Thron und Altar vermählt und zum heiligen Hüter jedes politischen Status quo erhoben und die Reichskirche über eineinhalb Jahrtausende lang zur Hochburg der politischen Reaktion gemacht.

Leopold von Ranke konnte so im Jahre 1883 schreiben: »Von aller herrlichen Worten, die von Jesus Christus vernommen worden sind, ist keines wichtiger und folgenreicher, als die Weisung, dem Kaiser zu geben, was des Kaisers ist, und Gott, was Gottes ist.« Wieviel menschenunwürdiger Kadavergehorsam, wieviel unchristliche Unterwürfigkeit und sture Entpolitisierung sind nicht aus diesem Jesuswort herausgelesen worden – von Augustinus und Luther über Bismarck und die wilhelminische Kaiserdynastie bis hin zu den »Deutschen Christen« des Dritten Reichs!

Und dennoch ist es, nach meiner Überzeugung, grundfalsch und verzerrt; ein Stück Evangelium, das in sein Gegenteil umfunktioniert worden ist.

Die Aussaugung des Landes

Versuchen wir, uns die historischen Umstände und die Umwelt jenes Kaiserwortes zu vergegenwärtigen, das für die Geschichte der Christenheit so folgenschwer werden sollte!

Wir sind im Frühjahr des Jahres 30, im Herzen des jüdischen Jerusalem, das für ein Verständnis Jesu genauso wichtig ist wie das Weimar des 18. Jahrhunderts für ein Verständnis Johann Wolfgang Goethes. Wir gehen die Hauptstraße bergauf bis zur Ecke der Stadtmauer, wir biegen nach links ein und stehen nun auf dem Vorhof des Tempels – das zentrale Heiligtum des Einzigen Gottes. Die Protagonisten unseres Dramas stehen eineinander schroff gegenüber: die stolzen Führer der Sadduzäer, jene Priester-Aristokratie, die Jesus soeben durch seine Streitfrage öffentlich bloßgestellt hat und die den unbequemen Prediger aus Nazareth loswerden wollen, da sie mit Recht seine wachsende Popularität unter den jüdischen Volksmengen zu fürchten hatten.

Vor ihnen steht der Galiläer, umringt von Hunderten seiner jüdischen Freunde und Schüler, der in diesen Priestern nichts anderes sehen kann als Quislinge, die mit dem Heidentyrannen kollaborieren, um sein Volk Israel zu verknechten. Auf beiden Flanken des Vorhofes stehen die Tempelpolizei, ihre Spitzel und Aufpasser, sowie die römischen Legionäre, um Ruhe, Ordnung und Unterwerfung, wenn nötig, mit Waffengewalt zu erzwingen.

In diese innerjüdische Konfrontation hinein fällt nun wie ein Faustschlag die schlaue Frage eines der Spitzel:

»Meister, ist es uns *erlaubt,* dem Kaiser Steuern zu zahlen oder nicht?«

Man merke den provokativen Wortlaut! Es war doch unumgehbare Bürgerpflicht, dem Kaiser Steuer zu zahlen, wie jedes Kind in Jerusalem wußte. Handelte es sich doch um das »tributum capitis« die sogenannte Kopfsteuer, die, im Unterschied zur Grundsteuer, dem Maut, sowie elf anderen Abgaben und Zöllen, eine für alle gültige Steuer war – und zwar die Grundlage zur wirtschaftlichen Plünderung des Landes, die allgemein als bedrückende Erinnerung an die Unterworfenheit Israels empfunden wurde.

Um uns Heutigen eine Ahnung von den rabiaten Steuereintreibungsmethoden jener fernen Zeiten zu vermitteln; um die berühmte Pax Romana einmal von der anderen Seite, jener der Beherrschten kennenzulernen, hören wir die Beschreibung des Römers Lactantius über die Art und Weise des Census, von dem Lukas folgendes zu sagen hat:

»Es begab sich aber, daß in jenen Tagen ein Erlaß des Kaisers Augustus erging, den ganzen Erdkreis registrieren zu lassen. Diese Aufzeichnung war die erste …, und alle gingen hin, sich aufzeichnen zu lassen, ein jeder in seine Stadt.« (Luk 2,1f)

Lactantius ist weniger zurückhaltend über das Verhalten seiner Landsleute:

»Die römischen Steuerbeamten erschienen allerorts und brachten alles in Aufruhr. Die Äcker wurden Scholle für Scholle vermessen, jeder Weinstock und Obstbaum wurde gezählt, jedes Stück Vieh wurde registriert und die Kopfzahl der Menschen genau notiert. In den Städten wurden die Städter und Dörfler zusammengetrieben; alle Marktplätze waren verstopft von herdenweise aufmarschierenden Familien; jedermann erschien mit der ganzen Schar seiner Verwandten und Kinder; überall hörte man das Schreien derer, die mit Folter und Stockschlägen verhört wurden. Man spielte Söhne gegen Väter aus; die Frauen gegen ihre Ehemänner … Wenn alles durchprobiert war, folterte man die Steuer-

37

pflichtigen, bis sie gegen sich selbst aussagten, und wenn der Schmerz gesiegt hatte, schrieb man steuerpflichtigen Besitz auf, der gar nicht existierte. Es gab keine Rücksichtnahme auf Alter und Gesundheitszustand.« (De mortibus persecutorum 23,1 ff.)

So also müssen wir uns jene »stille Nacht, heilige Nacht« vorstellen, in welcher Jesus als Sohn der Maria das Licht der Welt erblickte. Eine düstere Welt voll Panik, Terror und Angst war es, wie sie Lactantius zur Zeit der »descriptio prima« schildert, jener ersten Steuerveranlagung, die dann alljährlich in ähnlicher Weise durchgeführt wurde. Im jüdischen Schrifttum jener Tage heißt sie in lakonischer Kürze: »Die Aussaugung des Landes«.

Um sie geht es nun in der hinterlistigen Fangfrage, deren absurde Ironie ins Auge sticht:

»Ist es uns (Juden) erlaubt, dem Kaiser Steuer zu zahlen oder nicht?«

Die Frage wird viel weniger absurd, wenn man sie auf ihren Ursprung zurückübersetzt. Denn das kleine Wörtlein »erlaubt«, das auf hebräisch eindeutig eine religionsgesetzliche Bedeutung hat, sollte ja eine negative Antwort Jesu herausfordern. Um so mehr, als Lukas diese Steuer »Tribut« nennt, mit all dem besatzungspolitischen Klang, den dieses Wort für römische und jüdische Ohren haben mußte. »Tribut – das bezieht sich auf das frevlerische Reich Roms, das Steuern auferlegt allen Völkern der Welt«, wie es im rabbinischen Schrifttum des öfteren heißt. Und diese Frage wurde in der Heiligen Stadt vor dem Heiligen Tempel gestellt – zur Zeit des Passahfestes, in einer gewittergeladenen und erlösungsträchtigen Atmosphäre, die förmlich nach Aufstand schrie.

»Er rief seine Landsleute zum Abfall auf und machte ihnen Vorwürfe, wenn sie den Römern geduldig Tribut zahlten und nächst Gott sich noch sterblichen Menschen als Herren gefallen ließen«, so hieß es von Judas Galiläus, der einige Jahre zuvor im Namen Gottes zum antirömischen Widerstand aufrief. Konnte Jesus jetzt, vor dem zentralen Gotteshaus Israels, eine gotteslästerliche Unterwürfigkeit bejahen oder gutheißen?

Gotteslästerlich – denn, ungleich den Herodianern in Galiläa, die, der biblischen Bilderscheu gehorchend, keinerlei Bildnis auf ihre Münzen prägen ließen, brachte Pontius Pilatus seine Verachtung für den jüdischen Glauben u. a. dadurch zum Ausdruck, daß er in Judäa, das als römische Provinz seine Steuern direkt »dem Kaiser« entrichtete, Provokationsmünzen prägen ließ, die mit ihrem Kaiserbild dem Zweiten Gebot widersprachen. Wie bekannt, verbietet das Mosaische Gesetz jedwede bildliche Darstellung von Menschen wie auch den Besitz eines solchen Bildnisses. Um den Hintergrund abzurunden, bedarf es hier noch einer historischen Fußnote: Während der 300 Jahre von den Makkabäern bis zum Ende der jüdischen Unabhängigkeit unter Bar-Kochba entfachten die Juden nicht weniger als 62 Kriege, Aufstände und Rebellionen gegen die Oberherrschaft der Griechen und Römer. 61 davon gingen von Galiläa aus, der Heimat Jesu und seiner Jünger – und alle begannen mit einer organisierten Kampagne der öffentlichen Steuerverweigerung.

Die Falle, die ihm die Aufpasser der Tempelherren gestellt hatten, ist also nicht zu umgehen. Sagt Jesus ja – so ist er für sein Volk, das ringsum an seinen Lippen hängt, als feiger Kollaborateur entlarvt und erledigt. Denn ein Jude, der sich mit Torahfeinden arrangiert, ist ein Volksverräter.

Sagt Jesus nein, so gilt er für die Römer als Rebell, auf frischer Tat ertappt, der zum Gesetzesbruch aufwiegelt, und ist hiermit juridisch und politisch erledigt. Lukas zerstreut hier alle Zweifel über die Absicht der Fragesteller: »Sie sollten ihn bei einem Ausspruch fassen, so daß sie ihn der Gewalt und der Macht des Statthalters ausliefern könnten.« (Luk. 20,20)

Die Aufpasser hatten jedoch nicht mit Jesu Schlagfertigkeit gerechnet, denn »er aber durchschaute ihre Arglist und sprach zu ihnen: Zeigt mir einen Denar!« (Luk 20,23) oder, etwas umständlicher, aber noch klarer, nach Markus 12,15:

Ablehnung des Götzengeldes

»Bringt mir einen Denar, auf daß ich sehe ...« Worte, die eindeutig voraussetzen, daß Jesus bislang keinen Kaiserdenar gesehen habe. Genau dasselbe wird im Talmud lobend von Rabbi Menachem Ben Simai gesagt, der »ein Sohn der Heiligen« genannt wird, weil er nie das Bild auf dem Denar angesehen habe, aus Furcht, dadurch das Zweite Gebot zu verletzen.

Gemeint war natürlich der Tiberius-Denar – das landläufige Kultsymbol des Kaiserreiches und sein universalstes Wahrzeichen der Ver-Gottung der römischen Machthaber. Es zeigte das Brustbild des Kaisers in olympischer Nacktheit, geschmückt mit dem Lorbeerkranz, der seine göttliche Würde kennzeichnete – und auf der Rückseite hieß es noch dazu: »Pontifex Maximus« – der Hohepriester der Götzendiener, ein dreifacher Affront für den Ethos der Bibel. Hiermit ist die Antwort für die Hellhörigen eigentlich schon gegeben, denn mit diesen Worten wird nachdrücklich betont, daß er, der Torahlehrer aus Galiläa, selbst keinen Denar besaß, sich also mit solchem Götzengeld nicht besudelte und »ihn erst sehen mußte«, ehe er eine religionsgesetzliche Entscheidung fällen konnte. Hippolytus, der christliche Autor des 2. Jahrhunderts, berichtet über diese religiöse Einstellung der Frommen im Lande:

»Die Anhänger dieser Schule legen solchen Wert auf die Gebote, daß sie nie eine Münze anrühren, mit der Begründung, daß man ein Bildnis weder tragen noch anschauen noch anfassen solle.«

Doch nicht alle waren hellhörig genug, um jetzt schon zu verstehen, daß Jesus den Besitz eines Kaiserdenars als Übertretung des Bibelgesetzes verwarf. Daher fragte er nun seine Fragesteller mit einer für alle Zuhörer offensichtlichen Ironie:

»Wessen Bildnis und Aufschrift ist dies?« »Bildnis« ist das Schlüsselwort aus dem 2. Gebot:

»Du sollst dir kein Bildnis machen – weder von dem, was oben im Himmel, noch von dem, was unten auf Erden, noch von dem, was im Wasser unter der Erde ist.« (Ex 20,4)

»Bildnis« ist auch das Schlüsselwort aus dem Schöpfungsbericht:

»Und Gott schuf den Menschen zu seinem Bildnis; zum Bildnis Gottes schuf Er ihn.« (Gen 1,27)

Wer im Ebenbild Gottes erschaffen wurde, besagt der Rabbinische Kommentar hierzu, den Jesus mit Sicherheit kannte – der soll weder Abbilder von Götzen machen noch anderen Ebenbildern Gottes untertan sein, »denn Meine Knechte seid ihr, sagt der Herr; nicht Knechtesknechte Sterblicher sollt ihr sein (Lev 25,42 und Kommentar hierzu)!« Das Bildnis des Kaisers schuldet ihr dem Kaiser, der es prägen ließ. Euch selbst aber, die ihr Ebenbilder Gottes seid, schuldet ihr eurem Schöpfer, der es euch verlieh – und sonst niemandem. All dies schwingt im Bibel-Stenogramm »das Bildnis« unüberhörbar mit.

»Wessen Bildnis ist dies?« fragt also der Nazarener nun voll beißender Ironie – und fügt zur Verdeutlichung noch die Frage nach der Inschrift hinzu, die mit ihrer blasphemischen Vergötzung des Imperators das Münzbild und die Münzlegende zu einer greifbaren Lästerung des Wahren Gottes machen mußte. Als wüßte er, der sein Leben lang unter Römerherrschaft leben mußte, nicht, was die Münz-Hoheit bedeutete – womit er seine Gegner zwingt, ihm nun zu antworten:

»Des Kaisers« – was sie selbst in den Augen aller bibeltreuen Juden unwiderruflich zu Heuchlern stempelt.

»Was prüft ihr mich, ihr Heuchler?!« kann Jesus sie nun mit vollem Recht anklagen – womit gemeint ist: Das Münzgeld des Kaisers nehmt ihr an, *ohne* es für Sünde zu halten, aber die Steuer an den Kaiser zu entrichten, wollt ihr zur Sünde machen?! Welch heuchlerische Doppelzüngigkeit!

Und nun, um den allerletzten Zweifel zu beseitigen, antwortet Jesus zum drittenmal – für die Schwerhörigen:

»So gebt dem Kaiser *zurück*, was des Kaisers ist; und Gott, was Gottes ist!«

Nicht »gebt« steht im griechischen Text, sondern »gebt zurück«! – und das ist gutes Hebräisch. Es will sagen: Gebt dem kaiserlichen Münzherrn sein verfluchtes Silber zurück, das nach römischem Recht sein Eigentum ist! Weigert euch nicht nur, die Kaisersteuer zu zahlen, sondern verweigert die Annahmne seiner bibelwidrigen Münzen überhaupt! Reinigt euch durch Rückgabe von seinem Sündengeld, damit ihr wieder Gott geben könnt, was Gottes ist: die Anerkennung seiner alleinigen Weltkönigsherrschaft. Nach Günther Bornkamm mag hier ein noch konkreterer Gedanke vorliegen – nämlich: Die Münze, die des Kaisers Bild trägt, seid ihr dem Kaiser schuldig. Euch selbst aber, den Menschen, der Gottes Bild trägt, schuldet ihr Gott – Ihm allein.

Für griechische, und später für deutsche Ohren, mag der Satz »Gebt dem Kaiser, was des Kaisers ist; und Gott was Gottes ist«, wie eine faire Halbierung aller menschlichen Ehrerbietung geklungen haben – wie die Gleichgewichtigkeit des Gehorsams gegenüber Gott und dem Kaiser, ja wie eine gottgewollte Ratifikation des Bündnisses zwischen Thron und Altar. Für die Ohren der römischen Legionäre, die die Szene sicherlich mit Aufmerksamkeit verfolgten, klang die Antwort Jesu sicherlich ganz »loyal« – waren doch die Begriffe »Kaiser« und »Gott« für die Soldaten des Tiberius so gut wie identisch, wie die Aufschrift »Tiberius Caesar Divi Augusti filius Augustus« auf dem Kaiserdenar bewies, auf die Jesus vermutlich mit drohendem Finger hindeutete.

Nicht so für Juden, die bei Jesu Worten unvermeidlich an das Wort Davids denken mußten:

»Denn von Dir (Gott) kommt alles, und von Deiner Hand haben wir Dir gegeben.« (I Chron 29,14) – und an die Rabbinische Auslegung, die schon damals zum Sprichwort geworden war:

»Gib Gott von dem Seinigen, denn du und all das Deinige gehören ja IHM!« (Abot III, 8). Mit anderen Worten: Weit entfernt davon, Unterwerfung unter den römischen Imperialismus zu empfehlen, fordert Jesus zu einem kompromißlosen Bruch mit der bestehenden politischen Ordnung auf.

Aufforderung zum Kampf für die Herrschaft Gottes

Stutzig hätte die Exegeten schon die Tatsache machen sollen, daß Jesus, dessen Gottesnähe und Gottesliebe so eindeutig sein ganzes Wirken durchleuchten, den Kaiser *vor* Gott zu nennen wagt.

Ginge es hier wahrhaftig um ein Geben, eine Gabe, ein menschliches Darbieten, so müßte natürlich erst Gott und dann, nach einer Atempause, der Kaiser genannt werden. Nur weil es sich um eine Rückgabe handelt, die einer Selbstreinigung gleicht, welche als Vorbedingung einer Hingabe an Gott dient, darf Jesus, ja, *muß* Jesus seinen Spruch mit dem Kaiser beginnen.

Daß im Schlußteil der Antwort die eigentliche Pointe zu finden ist, ergibt sich schon daraus, daß Jesus die zweite Hälfte seines Spruches ungefragt hinzufügt. Denn niemand hatte ihn gefragt, was man Gott geben sollte oder nicht. Aber nicht um Gott ging es den Fragestellern, sondern um die Machtfrage. Jesus hingegen geht es nicht um die Machtfrage, sondern vor allem um den Gehorsam gegenüber Gott, dem alles andere auf Erden untergeordnet ist und bleiben muß. Denn da »niemand zwei Herren dienen kann« (Matth 6,24), wie es in der Bergpredigt heißt, muß Kaiser Mammon im Konfliktfall der Allmacht Gottes unabdingbar weichen. »Gebt Gott zurück, was Gottes ist!« war daher für bibelgeschulte Ohren ein Aufruf zum Kampf für die Heiligkeit und Alleinherrschaft Gottes, bis hin zum Martyrium, denn da alles von Gott kommt, so gilt es im Notfall, auch das Leben dem Schöpfer zurückzugeben – wie Jesus selbst es einige Tage später auch vollbrachte.

Ohne die Hüter der Heidengesetze zu provozieren, ist dieser Appell nicht weniger unzweideutig für die Hüter des Göttlichen Gesetzes als Jesu späteres Handeln:

● *»Als er in den Tempel gekommen war, stieß er die Tische der Geldwechsler um«,* so daß dieselben Denare mit dem verhaßten Abbild des Gott-Kaisers auf den Boden rollten. (Mt 21,12; Mk 11,15).

»Und sie wunderten sich über seine Antwort«, so heißt es sofort in bezug auf die Reaktion der Aufpasser. *»Bewunderten* seine Antwort« wäre der wahren Sachlage wohl entsprechender, denn als Juden, obwohl sie Spitzel waren, konnten sie kaum umhin, die geniale Spitzfindigkeit des in die Enge getriebenen Patrioten zu bewundern, der es fertig brachte, seiner Sendung treu zu bleiben, ohne in ihre Falle zu gehen.

All dies mag stimmen – oder auch nicht – so werden die Theologen einwenden; aber wo steht denn der Schriftbeweis für diese Hypothese? Der Beleg steht im Lukasevangelium, zwei Kapitel nach der Steuerfrage – aus dem Munde derselben Tempelherren, die die Aufpasser geschickt und gedungen hatten:

● »Sie begannen ihn (Jesus) vor Pilatus anzuklagen, indem sie sagten: *Wir haben festgestellt, daß dieser Mann unser Volk aufwiegelt und es abhält, dem Kaiser Steuer zu zahlen.*« (Luk 23,2). »Festgestellt« – so heißt es in der Anklage der Sadduzäer, was in der juridischen Terminologie bezeugen soll, daß sie die Sache untersucht hatten und ihre Behauptung beweisen können.

Müssen wir uns auf diese Aussage der Priester verlassen – oder gibt es solch einen Nachweis auch im Evangelium? Nach kurzer Sichtung des in Frage kommenden Materials fällt die Perikope in Matth 17 auf, die in den meisten Übersetzungen den Titel »Die Tempelsteuer« trägt. Dort heißt es:

● »Als sie nach Kapharnaum gekommen waren, traten die Einnehmer der Doppeldrachme an Petrus heran und fragten: *»Zahlt euer Meister die Doppeldrachme nicht?«* Der sagte: Doch! Und als er in das Haus eintrat, kam ihm Jesus mit der Frage zuvor: »Was meinst du, Simon, von wem nehmen die Könige der Erde Zoll oder Steuer! Von den Söhnen oder von den Fremden? Da er antwortete »von den Fremden«, sprach Jesus zu ihm: »Also sind die Söhne frei.« Doch damit wir ihnen keinen Anstoß geben, geh an den See, wirf die Angel aus und nimm den ersten Fisch, der herauskommt. Und wenn du sein Maul öffnest, wirst du einen Stater finden. Den nimm und gib ihnen für mich und dich.« (Matth 17,24–27)

Was hier für den jüdischen Leser ins Auge sticht, sind etliche Ungereimtheiten. Vor allem, daß der einzige Bezug auf den Tempel an dem hauchdünnen numismatischen Faden des Wortes »Doppeldrachme« hängt – eine Münze, die zu Jesu Lebzeiten längst nicht mehr im Umlauf war, während alles andere hier eindeutig für das Politikum der Kaisersteuer plädiert. So war Kapharnaum z. B. das Hauptquartier der Zöllner und der kaiserlichen Steuereintreiber – Tempelsteuereintreiber hat es nie gegeben – und Jesus spricht unmißverständlich vom »Kensos« – ein Ausdruck, der nur der kaiserlichen Kopfsteuer entspricht. Ebenso spricht Jesus von »den Königen der Erde« und vom »Tribut« den sie den »Fremden« auferlegen – Worte die nur politisch verstanden werden können und nicht das geringste mit innerjüdischen religiösen Abgaben zu tun haben.

Die Gegenüberstellung von »Fremden« und »Söhnen« ist ein Hebraismus, der den Römerbrauch beschreibt, demgemäß nur die Fremdvölker, nicht aber die eigenen Bürger der Tributzahlung unterworfen waren. »Also sind die Söhne frei!« dieses Jesuswort ist nicht nur ein gelungenes Wortspiel, das zuvor auf die Römer, jetzt aber auf »die Söhne Israels« bezogen wird, sondern auch klar und unüberhörbar *gegen* die Entrichtung dieser Steuer spricht. Nicht weniger klar ist die negative Fragestellung: »Zahlt denn euer Meister die Steuer *nicht?*« – ein Wortlaut der zumindestens ein Gerücht voraussetzt, demgemäß Jesus die Kaisersteuer *nicht* zahlen will.

Daß solch eine Ungeheuerlichkeit, die nach Aufruhr riecht, nicht unbeschönigt bleiben darf, ist der Grund, der den Griechen Matthäus 40 Jahre später nötigt, den Denarius in eine Doppeldrachme zu verwandeln – eine Münze die 300 Jahre zuvor in der Septuaginta – der griechischen Übersetzung der Bibel – den Halbschekel als Tempelsteuer (Exodus 3,15) ersetzte. Diese durchsichtige Entpolitisierung geschah, wie Matthäus nun Jesus sagen läßt, »damit wir ihnen (den Römern) keinen Anstoß geben«, – ein Satz der haargenau den Umständen des Evangelisten nach dem Jahre 70 entspricht, als die junge Kirche in stetiger Angst vor römischen Verfolgungen leben mußte.

Aus diesem Grunde bemüht Matthäus nun ein Fischwunder herbei, das seinesgleichen in der gesamten jüdischen Literatur nicht hat, wohl aber bei den Griechen zum beliebten Motiv der Ring-des-Polykrates-Legenden gehört, von denen wir etliche Versionen kennen. Der kundige Erzähler, der seine wundersüchtigen Leser genau kennt, unterläßt es jedoch, ein bestätigendes Schlußwort »und so geschah es« hinzuzufügen – ein Versäumnis, das fast 2 Jahrtausende lang die Evangelienleser an seiner Statt nachgeholt haben. Das Ergebnis ist es, daß zwei Wunder in 20 Zeilen sie vor der unerträglichen Vorstellung bewahrt haben, ihr Heiland könnte politisch so engagiert gewesen sein, daß er einer fremden Besatzungsmacht die Steuergewalt aberkannte. Was Matthäus jedoch vergaß – oder nicht zu folgern wagte –, ist die Tatsache, daß auch wenn der brave Fisch ein Vierdrachmenstück ausgespuckt haben sollte, immerhin noch elf von den zwölf Aposteln dem Kaiser den Tribut schuldig blieben und sich hiermit als illegale Steuerverweigerer dem Rebellentod aussetzten.

Wenn man jedoch von dieser Perikope das schlecht hinzugeflickte Schlußwunder wegläßt, wie alle wissenschaftlichen Normen der neutestamentarischen Forschung es empfehlen, so bleibt uns ein Jesuswort übrig, das dem Befund der Tempelherren entspricht: »Wir haben festgestellt, daß er unser Volk abhält, dem Kaiser Steuer zu zahlen« – ein Tatbestand, der wiederum nahtlos zu Jesu meisterhafter Antwort auf die Fangfrage in Jerusalem paßt.

»Mein Reich ist nicht von dieser Welt«

Aber Jesus hat doch gesagt: »Mein Reich ist nicht von dieser Welt!« So mögen nun konservative Christen einwerfen. Auf griechisch und auf deutsch mag dieses Wort wie ein Aufruf zur Weltflucht anmuten, der alles Gute, Schöne und Edle ins Jenseits verschiebt, um diese Welt den Despoten, Diktatoren und Tyrannen preiszugeben. Rückübersetzt ins Hebräische bedeutet es jedoch genau das Gegenteil: Mein Königtum, das wir alle so sehnlich erwarten, ist himmlischen Ursprungs und göttlicher Herkunft – die klarste Antithese zum römischen Kaiserreich der Götzendiener.

Es wird bald herabsteigen, um hienieden all den Greuel der Heidenherrschaft zu ersetzen und endlich Gott die Alleinherrschaft übergeben.

»Mein Reich ist nicht von dieser Welt!« Dieser Spruch war politisch nicht weniger geladen mit Sprengstoff als die Worte: Frohbotschaft, Erlösung und Himmelreich, die Jesus tagtäglich zu predigen pflegte, und die für alle jüdischen Ohren damals nach Aufstand und Befreiung schmeckten. Dies konnte gar nicht anders sein, da für gläubige Juden die Allgegenwart Gottes folgerichtig auch den Bereich der Politik einschließen muß, wie alle Propheten Israels eindeutig unter Beweis stellen. In der Herbeiführung des Gottesreiches das Politische auszuklammern wäre daher eine fast lästerliche Verneinung aller gottgewollten Weltlichkeit.

Die späteren Entpolitisierer des Christentums hingegen spalteten diese Welt in zwei säuberlich voneinander getrennte Reiche auf, um die Kirche vor jedweder Besudelung mit weltlichen Angelegenheiten zu bewahren – und brachten es fertig, im flagranten Widerspruch zu Jesus und seiner Schrift, die Erde als Jagdgrund den Nur-Politikern preiszugeben.

Jesus war sicherlich kein Zelot noch ein Revolutionär im landläufigen Sinn oder gar ein galiläischer Bandenführer. Seine Aufrufe gegen die nackte Gewalt als politische Kampfmethode sind zu zahlreich, um dies ernstlich zu bezweifeln. Aber einer, der sagen kann: »*Ich bin nicht gekommen, um Frieden zu bringen, sondern das Schwert*« *(Matth 10,34)* und der seinen Jüngern rät, ihren Mantel zu verkaufen, *auf »daß sie ein Schwert kaufen können«* *(Luk 22,36)* – der ist ebensowenig ein Pietistenprediger noch ein bedingungsloser Pazifist. Daher leuchtet es auch ein, daß sicherlich einer, wahrscheinlich aber drei, vielleicht sogar fünf von den zwölf Aposteln einen zelotischen Hintergrund besaßen. Die Rede ist von *Simon*, der von Lukas ganz unverhohlen als »*der Zelot*« tituliert wird (Apg. 1,13); *Judas Iskariot*, dessen Nachname eine aramäische Verballhornung von «*Dolchmann*« ist (sicarius); Bar Jonah, dessen Beiname ein Synonym für »*der Rebell*« oder »der Verfemte« sein könnte – und den beiden Zebedäus-Söhnen, die mit dem Spitznamen »*die Donnersöhne*« (Mark 3,17) nicht gerade den Eindruck von Wehrdienstverweigerern machen – um so mehr, als ihr einziger Auftritt im NT durch das Zornwort beherrscht ist: »Herr, willst du, daß wir sagen, Feuer soll vom Himmel fallen und diese Samariter verzehren?« (Luk 9,54)

Die Konsequenz des Kreuzes

Es leuchtet daher historisch ein, daß Jesus nicht ganz ohne Kontakt mit den militanten Aktivisten im zeitgenössischen Israel gewesen sein konnte. Denn von den zahlreichen Schwertworten Jesu, die nichts vom ergebenem Händefalten wissen, ragt eines unübersehbar hervor – und zwar aus zwei guten Gründen: weil es der einzige Spruch ist, der fünfmal in den Evangelien wiederholt wird, und weil es seinesgleichen auch in der jüdischen Überlieferung aus jener Zeit gibt, wo es als Zelotenspruch zitiert wird:

● *»Nur der, der sein Kreuz zu tragen bereit ist, soll mir nachfolgen«*. So heißt es bei Markus (8,34); zweimal bei Matthäus (10,38; 16,24) und zweimal bei Lukas (9,23; 14,27). Auch diesen Aufruf haben die Kirchenväter später zu einem abstrakten Appell zur Bemühung um das Seelenheil vergeistigt und entschärft. Was er bedeutete, als Jesus ihn auf Erden sprach, war viel einfacher, herausfordernder, und todernst. Es war eine wohlgemeinte Warnung an junge Hitzköpfe in Galiläa, die im Sog der Begeisterung sich seiner Bewegung anschließen wollten. Ihnen wurde gesagt: Wer von euch nicht bereit ist, auch die letzte Konsequenz zu riskieren, nämlich den Rebellentod am Römerkreuz, der soll lieber daheim bleiben. Es war die grausame, brutale Wahrheit, die Tausende von Juden vor Jesus, mit Jesus, zu seinen beiden Seiten und auch nach Jesus mit dem Leben bezahlen mußten; auch Nicht-Zeloten, die lediglich im Geruch des Widerstandes standen oder wagten, politische Kritik zu üben am Imperialismus der Römer. In diesem Sinne verstanden ihn auch die Zwölf, als sie Heim und Habe hinter sich ließen, ohne zurückzuschauen, um mit ihrem Meister für Israel zu ringen – auf Gedeih und Verderb.

Wir können zusammenfassen. Genau wie die Leiblichkeit und die Sorge um das leibliche Wohl nicht von Jesu Predigt zu trennen ist, genausowenig kann die Politik aus seiner Frohbotschaft amputiert werden. Befreiung vom Heidenjoch, Erlösung von der Kleingläubigkeit und schrankenlose Liebe zu Gott und zum Mitmenschen – das sind die drei Hauptziele seiner Heilslehre, die, wie er als praktisch denkender Jude wußte, auf Erden ohne pragmatisch-greifbare Methoden nicht zu verwirklichen sind.

Denn wenn die Friedensvision der Endzeit zwar mit himmlischer Vollmacht, aber auf irdische Weise vorzubereiten ist, dann können von Menschen, als Mitarbeiter Gottes, nur menschlich-politische Mittel zu seiner Konkretisierung angewendet werden. Das wußte Moses am Sinai, daß wußten alle Propheten Israels – und auch Jesus von Nazareth, der nie dem Kaiser geben wollte, was Gott allein gebührt.

Was sich aus all diesen Tatsachen ergibt, faßt der katholische Theologe Gustavo Guttierrez, der Vater der Befreiungs-Theologie, in seinem Jesusbuch zusammen, das ein begeistertes Vorwort von Johann Baptist Metz trägt:

»Während seines gesamten öffentlichen Lebens bot Jesus den Machtgruppen ... die Stirn. Herodes, den Verbündeten der römischen Unterdrücker nennt er einen Fuchs (Luk 13,32), die Zöllner, die das Volk als Kollaborateure mit der politischen Macht betrachtete, reiht er in die Gruppe der Sünder ein (Mt 9,10; 21,31; Lk 5,30 etc.), die Sadduzäer sind sich dessen bewußt, daß er ihre politische privilegierte Stellung in Gefahr bringt ... Seine Gottesreichpredigt ist nicht unpolitisch ... Denn gerade sein Einstehen für die Theokratie stellt den politischen Status quo radikal in Frage – genau wie seine Tempelsäuberung ein deutlicher Angriff ist auf das durch die römische Staatsmacht getragene politische System ... seine gesellschaftspolitische Kritik unterstreicht Jesus durch eine frontale Opposition gegen die Reichen und durch seine radikale Entscheidung für die Armen ... Und so können wir ohne Schwierigkeit feststellen, daß der Prozeß Jesu ein politischer Prozeß war ... der mit einer öffentlichen Gerichtsentscheidung durch Pontius Pilatus als den Repräsentanten der politischen Macht endet ... Jesus stirbt in den Händen der politischen Machthaber, die das jüdische Volk unterdrückt halten. Die Tafel am Kreuz weist unzweideutig auf eine Schuld politischer Art hin: König der Juden ...« (Theologie der Befreiung, Kaiser, München 1976, S. 218ff.)

Soweit der katholische Theologe aus Südamerika. Was aber soll mit all dem eigentlich gesagt werden? Ein jüdischer Neutestamentler könnte es in einem Satz zusammenfassen:

Der Rebell der Liebe

Wer diesen lebensbejahenden, bibelbeseelten Nazarener, den die Liebe zu Israel erfüllte, zum weltfremden Moralprediger und Jenseits-Theologen umfunktionieren will: einen Mann, der sich angeblich weigert, am verzweifelten Widerstandskampf seiner Juden teilzunehmen – und das zu einer Zeit, da römische Habgier und Römergewalt das Volk Israel zur Weißglut brachten, da Tausende von Patrioten elend am Kreuz verendeten und die Götzenbilder des verruchten »Gott-Kaisers« den Tempel Gottes schändeten – wer das im Namen der Theologie fertig bringt, der begeht eine Schmähung Jesu, die an Rufmord, wenn nicht an Antijudaismus grenzt.

Martin Luther hatte recht, wenn er in seiner Streitschrift gegen die Bauern den Drang nach Freiheit als »jüdisch« bezeichnet. Nicht von ungefähr ist das Glaubensgut aller christlichen Freiheitskämpfer – von den Katharern in Südfrankreich, den Waldensern in Piemonte, den Hussiten in Prag über die Puritaner in England und die »Pilgrim Fathers« in Amerika bis zu den Maoris in Neuseeland, den Schwarzen Kirchen im heutigen Südafrika und den Campesinos in Brasilien – mit der Sprache und der Denkart des Buches Exodus – jenem Hohelied der gottgeschenkten Freiheit – durchtränkt. Und dieser Jesus von Nazareth, der in allen leiblichen und geistigen Attributen seines Menschentums Volljude und Erzjude war, ist nirgends jüdischer als in seinem Widerstand gegen die Unterjochung – sowohl die Versklavung an die Buchstabengläubigkeit der Priesterkaste als auch gegen die brutale Römerherrschaft, die sein Volk Israel schamlos und gottlos ausbeutete.

Vor allem aber war er ein dreifacher Rebell der Liebe – viel radikaler als alle Revoluzzer unserer Tage – da er es wagte, waffenlos gegen die grausame Römerherrschaft zu protestieren, der sich ebenso gegen den hohen Klerus der Sadduzäer auflehnte, die in ihrer Engstirnigkeit die Gottesliebe gepachtet zu haben glaubten, und der zugleich beredten Einspruch erhob gegen die Kleingläubigkeit vieler seiner Landsleute, die dem Gott Abrahams, Isaaks und Jakobs keine Heilspolitik der Befreiung zutrauen wollten.

Nur wer als Jude in einem vom Feind besetzten Land gelebt hat, kann sich in die historischen Umstände zu Jesu Lebzeiten in seinem Lande einfühlen. Ganz Israel zerfiel damals in drei Hauptgruppen, die nichts mit den Parteien oder Glaubensgemeinden zu tun hatten: die Masse der Mutlosen, für die das nackte Überleben zum Hauptziel wurde; die Überläufer, die ihr biblisches Erbrecht für ein Linsengericht am Tische der Machthaber verkauften; und die Starken, für die ein Leben ohne Recht und Freiheit sinnlos war. Wer sich diese Dreiteilung zu vergegenwärtigen vermag, kann nicht mehr zweifeln, wohin ein Mann von der Statur des Galiläers gehörte.

Und dennoch war Jesus gegen die nackte Waffengewalt – weder aus Weltflucht noch aus Feigheit, sondern aus kühler Berechnung. Zwischen dem Quietismus der schweigenden Mehrheit und dem Fanatismus der verzweifelten Minderheit fand Jesus einen dritten Weg – den Mittelweg –, der versprach, daß »die Sanftmütigen das Land besitzen werden« – wie es sowohl im Psalter als auch in der Bergpredigt heißt.

● «Nicht mit Macht noch mit Streitkraft, sondern durch den Geist des Herrn«, so hatte sein geliebter Zacharias gepredigt. Jesus wollte es nicht anders. (Zach 4,6)

● »Herr, willst du, daß wir Feuer vom Himmel fallen lassen, um sie zu verzehren?« ereiferten sich die militanten »Donnersöhne«. »Er aber wandte sich um und verwies es ihnen.« (Luk 9,54 f.)

● »Herr, sieh, hier sind zwei Schwerter!« bedrängten ihn die Jünger.« Er aber sprach zu ihnen: »Es ist genug!« (Luk 22,37)!

● «Herr, sollen wir mit dem Schwert dreinschlagen?« fragen die Draufgänger abermals. Jesus aber sprach: »Laßt ab! Nicht weiter!« (Luk 22,49). Die Imperative der Bergpredigt mögen die übermenschliche Ideal-Ethik eines Supermoralisten widerspiegeln. Karl Barth nennt es »hellen Wahnsinn«, sie »dahin zu verstehen, daß wir uns bemühen sollen, diese Bilder zu verwirklichen«.

Die Bergpredigt kann jedoch auch und gleichzeitig als die schlangenkluge Taktik eines weltweisen Strategen verstanden werden, der weder im Krieg noch in der Fahnenflucht, sondern mittels aktiven, aber gewaltlosen Widerstandes sein kleines Volk vom mächtigen Römerjoch zu befreien hoffte. Ihm mag vielleicht Jesajas passive Theopolitik vorgeschwebt haben, die er seinem König einst ans Herz legte: »Hüte dich und sei still! Fürchte dich nicht – und dein Herz sei unverzagt!« (Jes 7,4f.)

»Betet in Kürze!« (Matth 6,7), so heißt es vor dem Vaterunser. Das kann auch bedeuten: Verschiebt die Liturgie auf Friedenszeiten, denn in der Not erhört Gott auch den Stoßseufzer.

»Wenn dich einer nötigt, eine Meile zu laufen, so gehe mit ihm zwei!« (Matth 5,41) Gemeint ist natürlich der römische Frondienst, die berüchtigte Angareia, die nur durch Sanftmut den Zwingherrn zu entwaffnen hoffen konnte.

»Führe uns nicht in Versuchung!« (Matth 6,13) – zum Schwert zu greifen und Rom zum Krieg herauszufordern!

Verabsolutierung der Bruderliebe; Entfernung aller inneren Streitgründe; Torahverschärfung und unabdingbare Solidarität – all dies sind auch die moralischen Notmaßnahmen und Vorbedingungen, die allein den nationalen Widerstandsgeist gegen lange, blutige Unterdrückung zu stählen vermögen.

Vor allem aber geht es um jene Spitzenaussage, die zum Inbegriff der gepredigten, aber fast niemals praktizierten Feindesliebe geworden ist:

● »*Wer dich auf die rechte Backe schlägt, dem halte auch die andere hin!*« *(Matth 5,39).*

Wie bei vielen anderen Jesusworten haben wir es hier mit einer Vieldeutigkeit zu tun, die kaum auf einen gemeinsamen Nenner gebracht werden kann. Zumindest vier Deutungen bieten sich hier an: Eine bewußte Selbstüberforderung – als ein Auftrag, der so gut wie alle menschliche Moralkraft übersteigt, indem er den totalen Verzicht auf die eigene Würde verlangt – der totalen Nächstenliebe zuliebe.

Es klingt aber auch wie eine Ethik der Selbsterniedrigung, die den normalen Egoismus durch gewollte Demütigung bändigen, oder gar im Keim ersticken will. Dies mag vielleicht radikal anmuten, aber könnte dennoch der einzige Ausweg sein aus dem endlosen Teufelskreis von Haß und Gegenhaß, der die gesamte Weltgeschichte in eine unmenschliche Verkettung von Schlachten und Schlächtereien verwandelt hat. Dies wäre die zweite Deutung des Wortes vom Hinhalten der Backen.

Man könnte aber ebensogut sagen, es handle sich hier um eine Ethik des stillen Stolzes, wie C. F. von Weizsäcker meint, der dem Schläger zu verstehen gibt: Wenn du mich auf diese brutale Weise treffen willst, so kannst du mich ruhig auch auf die andere Backe schlagen, aber wisse, so triffst du mich nicht!

In Frage käme auch der Ratschlag des Propheten Jeremia (den Jesus wiederholt zitiert), der unter ähnlichen Umständen daran erinnerte, daß Gott die Schwachen liebt und sich der Demut erbarmt:

»Es ist ein köstlich Ding für einen Mann, daß er das Joch in seiner Jugend trage. Er sitze einsam und schweige, wenn Gott es ihm auferlegt, und stecke seinen Mund in den Staub; vielleicht ist noch Hoffnung. Er bietet die Backe dar dem, der ihn schlägt, und lasse sich viel Schmach antun. Denn der Herr verstößt nicht ewig; sondern er betrübt wohl und erbarmt sich wieder nach Seiner großen Güte.« (Klagelieder 3,27–32) Obwohl Jesu Gebot an dieses Prophetenwort erinnert, wissen wir, daß es der Nazarener nie wörtlich gemeint hat. Das bezeugt er selbst, als ihn ein Diener des Hohen Priesters ins Gesicht schlägt (Joh 18,22 ff.) und er sich mit Recht gegen diese Mißhandlung empört.

Bildlich jedoch, im Sinne einer passiven Theopolitik, folgten Tausende von Juden zumindestens zweimal diesem Ratschlag Jesu, »hielten die andere Backe hin« und erreichten damit mehr, als alle Zelotenaufstände und -kriege zeitigen konnten. Der erste Zwischenfall im Jahre 26 betraf die verpönten Bilder des »Gott-Kaisers«, die Pilatus in der Nacht nach Jerusalem bringen ließ, um so die religiösen Gefühle der Juden zu verletzen; Josephus Flavius berichtet:

»Die Juden erhoben sich gegen Pilatus in Caesarea, um ihn zu bitten, die Bilder aus Jerusalem zu entfernen ... Da Pilatus sich weigerte, lagerten sie sich um sein Haus und blieben dort fünf Tage und fünf Nächte. Am sechsten Tag begab sich Pilatus vor sein Tribunal im großen Stadion und rief das Volk unter dem Vorwand zusammen, auf sein Begehren antworten zu wollen; da gab er den bewaffneten Soldaten den Befehl, die Juden zu umzingeln. Als die Juden sahen, wie die Soldaten sie mit einem dreifachen Ring umgaben, blieben sie vor diesem unerwarteten Schauspiel stumm. Pilatus, nachdem er ihnen erklärt hatte, er wolle sie töten lassen, falls sie das Bildnis des Kaisers nicht anerkennen würden, gab den Soldaten das Zeichen, ihre Schwerter zu ziehen. Doch die Juden warfen sich, wie auf einen gemeinsamen Befehl, auf die Erde und boten ihren Nacken dar, alle bereit, lieber zu sterben, als das Gesetz zu verletzen. Von diesem religiösen Eifer überwältigt, gab Pilatus den Befehl, die Bilder aus Jerusalem zu entfernen.« (Bell II, 9,2).

Als einige Jahre später Petronius, der römische Legat in Syrien, auf Befehl seines Kaisers die Statuen Caligulas in den Tempel nach Jerusalem bringen wollte, brach ein Generalstreik aus, alle Feldarbeiten wurden eingestellt und Zehntausende von Juden, von galiläischen Bauern bis zum Königshaus der Aristobulus eilten nach Tiberias, um dem Römer zu beteuern, sie würden alle eher sterben, als die Entweihung des Tempels zu erlauben. »Beeindruckt von der gewaltlosen Solidarität der Juden, gab Petronius nach, machte sich zum Anwalt Israels dem Kaiser gegenüber – der starb, ehe er seine Anbetung in Israel erzwingen konnte.« (Ant XVIII, 8)

So gelang es anfänglich, dank jesuanischer Taktik, Gewaltlosigkeit in politische Macht umzumünzen, wie es später auch Ghandi in Indien und Martin Luther King im Staate Mississippi fertig brachten.

Doch letztlich wurde die Verlockung zur Gewalt zum Verhängnis. Wie es zur militärischen Konfrontation kam, wird in den Evangelien verschwiegen, läßt sich jedoch unschwer rekonstruieren. Judas Iskariot, der »Dolchmann«, Simon, »der Zelot«, Jakobus und

Johannes, die »Donnersöhne« und vielleicht auch Petrus, »der Felsenmann«, waren, wie Oskar Cullmann nachgewiesen hat, Zeloten oder standen zumindest den Zeloten ideologisch nahe. Mit einem guten Drittel seiner Jünger im geistigen Lager der militanten Aktivisten predigte Jesus den gewaltlosen Widerstand vergeblich. Vergeblich blieben alle seine Mahnungen, daß »alle, die zum Schwert greifen, durch das Schwert umkommen werden« – was kein Aphorismus war, sondern ein bluternster Hinweis auf das römische *jus gladii*. Und so kam es zur Schlacht, zur unvermeidlichen Niederlage und zu jener Sternstunde, die ihren Gipfelpunkt in zwei hebräischen Worten fand: »Es ist genug!«

Jesus wollte sein Volk befreien; nicht verbluten lassen. Und als das Unglück kam, das er so eifrig zu vermeiden suchte, das er jedoch als gewandter Stratege vorausahnen mußte, war er bereit zum letzten Schritt: »Ich bin es! Laßt diese da gehen!« (Joh 18,8) Petrus verleugnete ihn, Judas verriet ihn und die Jünger allesamt versagten jämmerlich. Dennoch lud er die Schuld auf sich und übernahm die Verantwortung für das Blutvergießen, gegen das er so unermüdlich und so überzeugend gepredigt hatte. Und so gab er sein Leben für die Seinen dahin und starb den grausamen Opfertod am Heidenkreuz, in der selbstlosen Gewißheit: »Von denen, die Du mir gegeben hast, habe ich keinen verlorengehen lassen.« (Joh 18,9)

In der historischen Rückschau kann man nicht umhin, festzustellen, daß Jesus recht behielt. Da Israel sein Wort »Es ist genug!« (Luk 22,38) nicht beherzigen wollte, kam es »zur großen Drangsal, zum Zorngericht, in dem sie fielen durch die Schärfe des Schwertes«, das sie gegen die römische Übermacht erhoben hatten. (Mt 24)

So endeten die beiden letzten jüdischen Kriege im Untergang des Judenstaates, der in seinem Freiheitsdrang mutig wie ein Löwe bis zum letzten kämpfte – anstatt »sanft wie die Tauben und klug wie die Schlangen« zu handeln, wie Jesus es so eindringlich empfohlen und so vorbildlich vorgelebt hatte.

Jesus hingegen, gekreuzigt, auferstanden und zum Sinnbild des Glaubens erhoben, eroberte das ganze römische Reich.

III. Das Ährenausraufen und die Sabbatfrage

In allen drei synoptischen Evangelien finden wir eine bemerkenswerte Episode, die mit geringfügigen Unterschieden ein und dieselbe Begebenheit erzählt:

»Es begab sich aber, daß Jesus an einem Sabbat durch die Getreidefelder zog. Seine Jünger aber hungerten, und sie begannen Ähren abzureißen und aßen sie, indem sie sie mit den Händen zerrieben. Und einige der Pharisäer sagten zu ihm:
›Siehe, deine Jünger tun, was nicht erlaubt ist am Sabbat zu tun!‹
Und ihnen antwortend, sprach Jesus:
›Habt ihr denn nicht gelesen, was David tat, da ihn hungerte – ihn und die mit ihm waren? Wie er hineinging in das Haus Gottes zur Zeit des Hohepriesters Abiatar und die Schaubrote aß, die zu essen nicht erlaubt ist, außer den Priestern – und auch denen gab, die mit ihm zusammen waren? Und er sagte ihnen: Der Sabbat ist um des Menschen willen geworden, und nicht der Mensch um des Sabbats willen. Daher ist der Menschensohn auch Herr über den Sabbat.« (Matth 12,1–8; Mark 2,23–28; Luk 6,1–5)
Dreierlei sollte hier vor allem festgehalten werden:

● 1. Nicht Jesus wird hier bezichtigt, den Sabbat verletzt zu haben, sondern seine Jünger, die er, wie jeder loyale Meister, nun verteidigt.

● 2. Nicht »die Pharisäer« oder gar »alle Pharisäer« sind die Ankläger, sondern nur »einige von ihnen«, was dem jüdischen Sprachgebrauch gemäß besagen will, daß es sich um eine umstrittene Frage handelt, die, wie viele ähnliche Fragen, im Zuge der Rabbinischen Lehrdialogik einer Kompromißlösung zugeführt werden kann.

● 3. Nicht um die Abschaffung des Sabbatgebotes ging es Jesus, sondern ganz im Gegenteil: um die grundsätzliche Einhaltung aller Sabbatvorschriften, für die er hier, im Sinne der jüdischen Rechtspraxis, überzeugend einzutreten wußte. Daß er in halachischen Fragen gut beschlagen war, beweist sowohl seine rabbinische Beweisführung als auch die häufige Reaktion seiner Gesprächspartner, wie wir sie aus anderen Dialogen kennen. So z. B.:

»Als er dies sagte, wurden alle seine Gegner beschämt.« (Luk 13,17) »Darauf konnten sie ihm nichts erwidern.« (Luk 14,6) »Einige der Schriftgelehrten aber antworteten: Lehrer, du hast gut gesprochen.« (Luk 20,39)

Hinzuzufügen ist hier noch, daß der Begriff »Menschensohn« hier nichts mit Jesus zu tun haben kann, da es ja im Streitgespräch überhaupt nicht um die Taten Jesu selbst geht noch um seinen Auftrag, den andere in seinem Namen ausgeführt hatten, sondern lediglich um das spontane Handeln seiner Jünger. So muß also das hebräische Wort »ben adam« (oder aramäisch: bar inasch), das dem Text hier zugrunde liegt, einfach als »jedermann« oder als »unsereiner« verstanden werden, was genau der damals landläufigen Bedeutung dieser Vokabel entspricht.

Bestätigung findet diese Binsenwahrheit u. a. in der Perikope über die Heilung des Gelähmten, bei der Jesus sagt:

»Damit ihr wißt, daß der Menschensohn Macht hat, auf Erden Sünden zu vergeben – da sprach er zum Gelähmten: Steh auf, nimm deine Bahre und geh heim! Und er stand auf und ging heim.«

Worauf es im Schlußsatz dann heißt:

»Als das die Volksscharen sahen ... priesen sie Gott, der den Menschen solche Vollmacht gegeben hat.« (Matth 9,6–8) Es heißt nicht: »dem Menschen« noch: »dem Menschensohn« (was auf hebräisch dasselbe wäre), sondern schlicht und einfach in der Mehrzahl: »den Menschen« – also, im Grunde allen Söhnen Adams auf Erden.

Doch nun zurück zum sabbatlichen Ährenausraufen in Galiläa. Worum geht es hier im Grunde?

Um die rechte Art, den Sabbat zu feiern, der den Juden gegeben wurde, um durch seine Heiligung Gott als den Schöpfer der Welt zu bezeugen. In diesem Sinne heißt es im IV. Gebot, das man das Hohelied von der Freiheit eines Judenmenschen nennen könnte: »Sechs Tage sollst du arbeiten und alle deine Geschäfte tun. Aber am siebenten Tage ist der Sabbat des Herrn, deines Gottes; am selben sollst du keine Arbeit tun, weder du noch dein Sohn noch deine Tochter noch dein Knecht noch deine Magd noch dein Vieh noch der Fremde, der in deinen Toren weilt.« (Exod 20,8–10)

Für so lebenswichtig erachtet die Bibel diesen Rhythmus der Sechs-Tage-Woche, die durch das »Aufatmen« und Entspannen am siebenten Tag gekrönt wird, daß auch die Sklaven, die nicht-jüdischen Heiden und das Vieh darauf verpflichtet werden.

Doch nicht bloß um Ruhe geht es hier, wie die Bibel ausdrücklich betont:

»So haltet meinen Sabbat; denn er ist euch heilig. Der ihn entheiligt, der soll des Todes sein ... er ist ein ewiger Bund zwischen mir und den Söhnen Israels und ein ewiges Zeichen ...« (Exod 31,14–17)

Wer also den Sabbat verletzt, stellt sich außerhalb der Gemeinde Israels und bricht den Gottesbund – nicht mehr und nicht weniger.

Es gibt kein biblisches Grundgebot, das von allen Israeliten ernster genommen wurde, über das die Heiden mehr gespottet haben, und das seit vielen Jahrhunderten von allen Völkern so universal akzeptiert worden ist.

Die 39 verbotenen Sabbatarbeiten

Um die Auslegung und individuelle Ausführung dieser Gott-gebotenen Sabbatruhe nicht der Laune des einzelnen zu überlassen, legten die Schriftgelehrten eine Liste von 39 verbotenen Arbeiten fest, die des öfteren Anlaß zu heftigen Debatten zwischen den verschiedenen Exegetenschulen gab – besonders in Grenzfällen, wie Ährenraufen, Feigenpflücken, Saftpressen etc. Die verbotenen Hauptarbeiten sind: Wer pflügt und sät, wer erntet und Garben bindet, wer drischt und worfelt, wer ausliest und mahlt, wer siebt und knetet oder bäckt und kocht, wer Wolle schert, sie bleicht, sie hechelt, färbt oder spinnt, wer webt und zwei Maschen macht, zwei Fäden webt oder spaltet, einen Knoten knüpft und löst, zwei Stiche näht und aufreißt, wer ein Reh jagt und es schächtet, ihm das Fell abzieht, es einsalzt und es gerbt ... wer zwei Buchstaben schreibt und sie auswischt,... wer baut und niederreißt, löscht und anzündet, wer mit dem Hammer schlägt und wer aus einem Gebiet ins andere eine Last herausträgt.

Wir sehen auf einem Blick: Es ist ein Verzeichnis von Verboten für Bauern, Hirten und Handwerker, die ihre biblische Sabbatruhe ernst zu nehmen entschlossen sind.

Entweihung geschieht durch die vollendete Ausführung einer dieser neununddreißig Tätigkeiten, von denen vier in den Evangelien zur Sprache kommen – nämlich: Ernten, Dreschen, Kochen und Mahlen.

Unter diesen Sammelnamen wurde natürlich auch eine Unzahl ähnlicher Arbeiten mit einbegriffen, wobei es jedoch als Voraussetzung gilt, daß sowohl die Weise der Ausführung als auch der Zweck der Verrichtung dem üblichen Begriff von Arbeit: als einem Sich–Bemühen zwecks Verdienst entsprechen muß.

Sind diese beiden Vorbedingungen nicht erfüllt, wie z. B. beim Schälen eines Apfels zum sofortigen Genuß, was ansonsten in die Kategorie des »Dreschens« käme, so liegt keine Schuld vor, und daher kann auch von keiner Bestrafung des Betroffenen die Rede sein.

In diesem Sinne heißt »Ernten«, daß man ganze Bündel oder Garben von Halmen faßt und mit der Sichel abschneidet. Das Ausraufen einzelner Halme oder das Herauslösen von Körnern aus Ähren zum Hungerstillen gleicht hingegen dem Apfel-Schälen, das nicht zum Gewinn, sondern zum Verzehr bestimmt ist und daher nicht als eigentliche Arbeit betrachtet werden kann.

So dachten die meisten Rabbinen, jedoch keineswegs alle. Die Rigoristen oder die »Erschwerer«, wie man sie zu Jesu Lebzeiten nannte, wollten alles, was nur im entferntesten an Arbeit, Anstrengung oder Mühe erinnern könnte, am Sabbat verboten und verpönt wissen.

Um uns den legitimen Meinungspluralismus innerhalb des Rabbinischen Judentums zu vergegenwärtigen, seien hier fünf Aussprüche berühmter Talmudmeister zur Sabbatfrage zitiert:

Rabbi Chija lehrte: »Ernten, Winzen, Oliven pflücken, Abschneiden, Ausreißen, Feigen pflücken – das alles gehört zur Erntearbeit und ist also verboten.« (b Sabb 7,9 b.)

Rabbi Ismael meint: »Wer Knoblauch, Herlinge und Kornähren am Freitag, solange es noch Tag ist, zerreibt, der darf es auch mit Sabbateintritt fertig machen, um es zu essen. Rabbi Akiba sagte: Er darf es nicht fertig machen.« (b Edujot II,6).

Abaje sagte: »Wer Ähren ausreibt am Rüsttag des Sabbats für den folgenden Tag, darf es (am Sabbat) von einer Hand in die andere blasen (um die Spreu zu entfernen) und essen – aber nicht in einen Brotkorb noch in eine Schüssel tun.« (b Betza 12 b)

Rabbi Jehuda sprach: »Es ist erlaubt, (am Sabbat) mit der Hand Früchte zu zerreiben, um sie zu essen, aber das mit einem Werkzeug zu tun, ist verboten.« (b Sabb 128 a.)

Es ist mehr als wahrscheinlich, daß Jesus, der wie der zuletzt genannte Rabbi Jehuda ein Galiläer war, dessen liberale Meinung teilte und das Ährenreiben zwecks Hungerstillung am Sabbat für erlaubt hielt.

Und das Abreißen? David Flusser meint: »Der griechische Übersetzer des jüdischen Urberichts war nun mit den Sitten des Volkes nicht vertraut, und um die Szene zu veranschaulichen, fügte er das Abreißen der Ähren hinzu, nicht ahnend, daß er dadurch den einzigen Verstoß gegen das Gesetz in die synoptische Tradition eingefügt hat.« (David Flusser, Jesus in Selbstzeugnis und Bilddokumenten, rororo 140, Hamburg 1968, S. 44).

Franz Delitzsch, der berühmte Bibelübersetzer, der hier »Ähren« mit »melilot« (vollreife Ähren) auf hebräisch wiedergibt, mag intuitiv das Wort in der verschollenen Evangelienquelle erraten haben, wobei angenommen werden darf, daß es dort in Begleitung seines derivierten Zeitwortes: m-l-l erschien, das »reiben« bedeutet. Solch etymologischer Parallelismus von Zeitwort und nomen actionis ist ja ein Charakteristikum des Bibelstils (so z. B. Jos 9,20; Jes 30,14; Lev 26,35). Kein Wunder, also, daß dieses Wortpaar auch in der Mischnah vorkommt: hammollel mellilot schäl chittin (jemand, der Weizenähren reibt) – noch dazu in einem positiven Sinn: Wer Weizenähren mit den Fingern zerreibt, muß dafür keinen Zehnt zahlen. (Ma'as IV, 5) Bestätigung findet diese Hypothese im Fragment eines Hebräerevangeliums, in einer arabischen Streitschrift aus dem X. Jahrhundert, die in dieser Perikope von den Jüngern Jesu lediglich aussagt:

»Sie rieben (jafruqun) und aßen die Ähren.« (S. Pines The Jewish Christians of the Early Centuries of Christianity According to a New Source, The Israel Academy of Sciences and Humanities, Jerusalem, 1966, S. 63). Diese Version stimmt auch mit dem arabischen Diatesseron überein. (Diatesseron de Tatien, Beiruth 1935, S. 66).

Aus eigener Erfahrung darf ich hinzufügen, daß es in Israel zur Erntezeit bei vollreifen Ähren völlig überflüssig, wenn nicht schier unmöglich ist, sie abzureißen, um ihre Frucht zu genießen, da die Körner der stehenden Ähren durch leichtes Reiben mühelos in die offene Hand fallen. Daß »einige« Pharisäer (Luk 6,2), die entweder Frömmler oder Judäer waren, Jesus für einen Brauch seiner Jünger rügten, der in Galiläa gang und gäbe war, beweist nichts anderes, als daß es, wie in allen Grenzfällen, mehrere Meinungen gab und das »etliche« der Pharisäer nicht die landläufige Auslegung des Rabbi Jehuda anerkannten oder teilen wollten.

In der heutigen Rückschau dürfen wir feststellen, daß in der talmudischen Praxis, die damals noch im Prozeß der Schriftwerdung fluktuierte, sich die Auslegung Jesu durchgesetzt hat. Was also zu seinen Lebzeiten noch als umstritten galt, ist inzwischen längst zu einer Lebensregel geworden – nicht zuletzt dank einem Torahverständnis, das des öfteren an die Auslegungsweisen des Nazareners erinnert.

Was noch zu klären bleibt, ist die Argumentation Jesu in seinem Plädoyer zugunsten seiner Jünger. Er bezieht sich auf den jungen David, als jener auf der Flucht vor König Saul, der ihn umbringen wollte, Beistand bei den Priestern von Nob suchte. Ihr Hohepriester hieß damals zwar Achimelech, nicht Abiatar, wie Mark 2,26 irrtümlich berichtet. Entweder ist hier sein Sohn Ebiatar gemeint, weil dieser später als Hohepriester berühmter wurde, oder aber folgt Markus einer anderen Überlieferung, nach der Abiatar der Vater Achimelechs war. (II Sam 8,17)

Wie dem auch sei, in der Bezugsstelle im I. Buche Samuel, Kap. 21 heißt es:

»Und als David nach Nob kam zum Priester Achimelech ... fragte er ihn: Hast du etwas bei der Hand, etwa fünf Brote, oder was sonst vorhanden ist, das gib mir in meine Hand. Der Priester antwortete David: Ich habe kein gewöhnliches Brot bei der Hand, sondern nur heiliges Brot ... (doch da es David und die Seinen hungerte), gab ihm der Priester von dem heiligen Brot, weil kein anderes da war als die Schaubrote, die man von dem Altar des Herrn nur wegnimmt, um frisches Brot aufzulegen ...«

An denselben Priestern nahm Saul später Rache – wie es kurz darauf heißt:

»Da sprach der König zu Doeg: Tritt du heran und erschlage die Priester ... Und er erschlug sie, so daß an diesem Tage starben 85 Männer, die den leinenen Priesterschurz trugen.« (I Sam 22,18)

Auf diese allen bekannte Episode aus der Jugend Davids bezieht sich nun Jesus, nach den Grundregeln der rabbinischen Analogie. Die beiden Hälften seines Vergleiches müssen also in ihren drei Hauptzügen übereinstimmen, um Beweiskraft zu haben: Im Wer? im Was? und im Wie?

Wer: das sind David und seine Gefolgsleute, die mit Jesus und seinen Jüngern verglichen werden.

Was: das sind die heiligen Schaubrote und die Körner des sabbatlichen Ährenraufens; beides also Speisen, die unter normalen Umständen nicht verzehrt werden sollen. Warum dürfen sie also dennoch verzehrt werden? Auf diese Frage antwortet das

Wie: die außerordentlichen Umstände, die beiden Gruppen gemeinsam sind, nämlich: die Flucht und die Lebensgefahr, die ihnen nur diese einzige Art der Hungerstillung ermöglicht. So heißt es in der rabbinischen Überlieferung, daß der Vorfall mit den

Schaubroten am Sabbat stattfand (b Menachot 95 b.), und sie läßt David zum Priester sagen: »Gib mir, damit wir nicht des Hungers sterben, denn Lebensgefahr verdrängt den Sabbat.« (Jalkut zu I Sam 21,5). Nur wenn die Lebensgefahr als dritter Vergleichspunkt für die Jünger Jesu genauso zwingend war wie einst für die Mitstreiter Davids, ist das Plädoyer Jesu stichhaltig und einleuchtend. Diese unvermeidliche Schlußfolgerung wirft neues Licht auf das häufig wiederholte Wort der Evangelisten:

»Und er entwich ihnen« oder: »er zog sich zurück« oder: »er floh auf einen Berg«,– aber vor allem auf das Jesuswort:

»Und der Menschensohn hat nicht, wo er sein Haupt legen kann.« (Matth 8,20)

Die Ausnahmen von der Regel

Auch dieser Aspekt der Perikope sollte als Denkanstoß dienen. Doch nun zurück zur Frage der Sabbatruhe, die wie alle Angelegenheiten der religionsgesetzlichen Praxis im Judentum auch Sonderfälle und Ausnahmen anerkennt. Auch hier gab es – und gibt es bis heute – rege Debatten und Meinungsverschiedenheiten im Detail, aber in zwei prinzipiellen Dingen stimmen alle Schulen der Rabbinen überein: Die Rettung eines Menschenlebens (auch des eigenen) verdrängt das Sabbatgebot – wobei auch der geringste Verdacht von Lebensgefahr alle Arten der Heilung am Sabbat rechtfertigt. Auch in ungefährlichen Krankheitsfällen, ja, sogar im Fall von Zahnschmerzen, war die Heilung durch »arbeitslose« Mittel völlig legitim.

Und zweitens: Im Falle eines Angriffs, eines Überfalls oder Krieges durfte man nicht nur, sondern sollte man zu den Waffen greifen, um sich selbst, das Volk und das Land Israel zu verteidigen, denn, wie die Rabbinen seit Makkabäerzeiten als Grundsatz festlegten: »Der Sabbat unterliegt eurer Gewalt, und nicht ihr der Gewalt des Sabbats!« (Mechilta zu Ex 31,13) – ein vitales Prinzip, dessen Echo in Jesu Worten widerhallt: »Der Sabbat ist um des

Menschen willen gemacht; und nicht der Mensch um des Sabbats willen.« (Mark 2,27).

Wir können also den Ursprung des Jesuswortes über den Sabbat mit ziemlicher Genauigkeit datieren. Um 167 vor der christlichen Zeitrechnung, als die Heidenmacht der Syrer zum Frontalangriff gegen das Judentum überging, merkten die feindlichen Befehlshaber bald, daß ein Überfall auf die Juden am Sabbat die besten Erfolge zeitigen könnte. Da sich die Juden weigerten, am siebenten Tag ihre Waffen zu benützen, konnten sie wehrlos niedergemetzelt werden. Nach zwei solchen Sabbatoffensiven kam es zu einer Synode der Makkabäer, die sich selbst die schicksalsschwere Frage stellte: Kann es der Wille Gottes sein, den Sabbat auch dann zu heiligen, wenn dadurch sowohl die Heiligkeit des Landes als auch das Überleben Israels ernstlich gefährdet werden? Worauf die einstimmige Antwort der Glaubenskämpfer lautete: Auf daß künftige Generationen von Juden imstande seien, das Sabbatgebot gebührend zu halten, müssen wir es jetzt zeitweilig brechen, denn wie schon König David in Ps. 115 sagte: »Die Toten werden Gott nicht loben ... wir aber, die Lebendigen, werden Gott in Wort und Tat preisen, von nun an bis in alle Ewigkeit.«

Das Fazit: Weit davon entfernt, etwas Neues zu prägen, berief sich Jesus auf dieses landläufige Spruchgut, um das Ährenraufen als sabbatgemäß und bibelgetreu unter Beweis zu stellen.

Diese unabdingbare Heiligkeit des Menschenlebens, der zuliebe nahezu alle Gesetze für den Augenblick gebrochen oder außer Kraft gesetzt werden dürfen, beseelte die Rabbinen («Jedem, der eine Seele am Leben erhält, wird es angerechnet, als habe er eine ganze Welt erhalten«, Sanh IV, 5) nicht weniger als Rabbi Jesus, der auch am Sabbat Heilungen vollzog. Die vier Sabbatheilungen Jesu: eines Mannes mit einer verdorrten Hand (Matth 12,9–13); eines Wassersüchtigen (Luk 14–1,6); der gekrümmten Frau (Luk 13,10–17) und des Kranken am Teich Bethesda (Joh 5,1–16) werden genau wie das sabbatliche Ährenraufen seiner Jünger von Jesus, nach gut rabbinischem Brauch, durch hermeneutische Syllogismen verteidigt.

Alle vier Plädoyers haben den gemeinsamen Zweck, den Starrsinn der stockfrommen Minderheit bloßzustellen, die Priorität der praktizierten Nächstenliebe über alle legalistische Wortklauberei zu beweisen, ohne jedoch das mosaische Gesetz in seiner landläufigen rabbinischen Auslegung je zu übertreten.

Nur in einem einzigen Fall, bei der Heilung eines Blindgeborenen, soll der johanneische Jesus angeblich das Sabbatgesetz gebrochen haben – in einer Szene, die allen Maßstäben historischer Authentizität widerspricht und, gelinde gesagt, als unglaubwürdig gelten muß.

In den Worten des vierten Evangelisten, die hier auf seine Hauptaussagen beschränkt werden: »Nach diesen Worten spie er auf den Boden, machte einen Teig aus dem Speichel, strich ihm den Teig auf die Augen und sagte zu ihm: ›Geh, wasche dich in dem Teich Siloa‹, das heißt übersetzt: Gesandter. Er ging also hin und wusch sich und kam sehend zurück ... es war aber Sabbat an dem Tage, an welchem Jesus den Teig gemacht und seine Augen geöffnet hatte ... Da sagten einige von den Pharisäern: Dieser Mensch ist nicht von Gott, weil er den Sabbat nicht hält.« (Joh 9,1–41).

Die ganze Episode ist so durchsichtig tendenziös und so unnötig langwierig – einundvierzig Verse werden ihr gewidmet!–, daß die instinktive Reaktion des jüdischen Lesers dieser Perikope in den Worten Goethes zusammengefaßt werden kann: »Man merkt die Absicht, und man ist verstimmt.«

Und dennoch steht hier nirgends, daß Jesus den Sabbat verletzt hätte, denn rabbinisch gesehen gehört seine Handlung zu den diskutablen Grenzfällen, sondern lediglich, daß ihn »einige von den Pharisäern« – wohlgemerkt, nicht alle noch die Mehrheit!– dessen bezichtigt hatten.

Wie der Geheilte genau berichten konnte, was Jesus tat, als er selbst noch blind war (Joh 9,10 f.), und warum seine Eltern, die natürlich genauso Juden waren wie alle Teilnehmer und Zuschauer bei dieser Wunderheilung, es fertigbrachten »sich vor den Juden zu fürchten«, (Joh 9,22) – das muß wohl für ewig ein Rätsel bleiben. Klar ist nur, daß der johanneische Jesus als Torahüberwinder verherrlicht, und seine Gegenspieler, »die Juden«, verteufelt werden müssen ... aller Geschichtlichkeit und Logik zum Trotz.

Die textkritische Logik jedoch besagt, daß der Wahrheitskern dieser Wunderheilung bei Markus, im ältesten Evangelium zu finden ist (Mark 8,22–26). In der Urfassung, die Markus bringt, der den Quellen am nächsten stand, lesen wir:

»Und er (Jesus) kam nach Beth-Saida und sie bringen ihm einen Blinden und bitten ihn, daß er ihn anrühre. Und er faßt den Blinden an und führte ihn aus dem Dorf hinaus, und als er in seine Augen gespieen und ihm die Hände aufgelegt hatte, fragte er ihn, ob er etwas sehe. Da blickte er auf und sagte: Ich sehe die Menschen, aber ich sehe sie wie Bäume umhergehen. Da legte er wieder die Hände auf seine Augen, und er sah deutlich und er war wiederhergestellt und sah alles klar.« (Mark 8,22–26).

Hier wird also dieselbe Heilung eines Blinden beschrieben, aber wir hören weder von einem Speichelteig, dessen Zubereitung nämlich als Arbeit hätte gelten können, noch ist hier die Rede vom Sabbat und schon gar nicht von irgendeiner mutmaßlichen oder angeblichen Sabbatverletzung. Letztlich werden der gesamten Wunderheilung lediglich fünf kurze und sachliche Sätze gewidmet – anstatt der langwierigen Nachdichtung im spätesten der vier Evangelien.

Jesu Anerkennung des Sabbatgebots

Wir sollten uns jedoch nicht mit der negativen Beweisführung begnügen, um Jesu Einstellung zum Sabbat endgültig klar zu stellen! Auch hier lohnt es sich, alle vier Evangelientexte heranzuziehen und auf etwaige Hinweise zu befragen. Und, in der Tat, sechs glaubwürdige Passagen bezeugen einstimmig, daß Jesus grundsätzlich die genaue Einhaltung des Sabbats als Bibelgebot anerkennt:

● 1. Im 24. Kapitel des Matthäus rät Jesus seinen Jüngern: »Bittet aber, daß eure Flucht nicht in den Winter oder auf einen Sabbat falle«, – was nur auf den Wunsch Jesu deuten kann, es möge ihnen erspart bleiben, auf der Flucht vor der »großen Drangsal« den Sabbat entweihen zu müssen. (Matth 24,20).

● 2. Im ersten Kapitel des Markus lesen wir: »Sie gingen nach Kapharnaum hinein, und *gleich* am Sabbat ging er in die Synagoge und lehrte.« (Mark 1,21) Diese Worte beweisen nicht nur Jesu Gebundenheit an das jüdische Lehr- und Bethaus, sondern auch seine Befolgung der sogenannten Techum-Vorschrift (Erub IV,3), die Sabbatspaziergänge auf die jeweiligen Stadtgrenzen beschränkt. Er betrat daher die Stadt noch *vor* Sabbatanbruch, um den Sabbatanfang im Bethaus feiern zu können.

● 3. Lukas berichtet in seinem 4. Kapitel: »Als aber die Sonne (am Sabbat) unterging ... legte er einem jeden von ihnen die Hände auf und heilte sie.« (Luk 4,40). Dies bezeugt, daß Jesus erst *nach* Sabbat-Ausgang all diejenigen Heilungen übernahm, die mit der geringsten Arbeit verbunden waren.

● 4. »Er kam nach Kapernaum hinab, einer Stadt in Galiläa, und lehrte sie an den Sabbaten.« (Luk 4,31) – also: Sabbat für Sabbat! Die selbstverständliche Schlußfolgerung ist es, daß kein Jude die Lehre Jesu am Sabbat hätte hören wollen – es sei denn, sie hätte der jüdischen Sabbattradition des Ruhetages entsprochen.

● 5. Im selben Kapitel heißt es bei Lukas: »Er ging *nach seiner Gewohnheit* am Sabbat in die Synagoge und stand auf, um vorzulesen.« (Luk 4,16) Ein Jude, der fromm genug ist, um allwöchentlich am Sabbat in der Synagoge zu beten, der kann wohl kaum als willkürlicher oder vorsätzlicher Sabbatbrecher gedacht oder dargestellt werden. Doch auch wenn dies unwahrscheinlicherweise der Fall gewesen sein sollte, so hätten ihm die Synagogenvorsteher »in ganz Galiläa« mit Sicherheit die Türe gewiesen – nicht aber ihn in ihren Gotteshäusern beten, lehren und predigen lassen, wie es ein rundes Dutzend mal in den Evangelien behauptet wird. (So z. B. Mk 1,21; Mtt 4,23; Joh 4,59; Lk 4,16–23; Mk 1,39; Mtt 9,35; Mtt 13,54; Lk 4,44; Joh 18,20 etc. etc.)

● 6. Zu Anfang des Prozesses Jesu lesen wir bei Markus: »Die Hohepriester und der ganze Hoherat suchten ein Zeugnis gegen Jesus, um ihn zu Tode verurteilen zu können; fanden aber keines.« (Mark 14,55)

Falls Jesus ein gelegentlicher Sabbatbrecher gewesen wäre, wie der vierte Evangelist es wahrhaben will – geschweige denn der »Abfallprediger zum Sabbatbruch«, wie moderne Theologen vom Stamme Ethelbert Stauffers und Herbert Brauns es behaupten –, so wäre der Hoherat, samt seinen zahlreichen »Aufpassern«, nicht in Verlegenheit geraten. Sagt doch das Gebot Mose eindeutig:

»Wer den Sabbat entheiligt, der soll des Todes sein.« (Exod 31,14) Die Notwendigkeit des Synedrions, »falsche Zeugen« zu dingen, um Jesus eines religiösen Verbrechens zu überführen, spricht eindeutig sowohl für seine Unschuld als auch für seine Torahtreue (vgl. Matth 26,59), denn auch sein Gegner, die Hohepriester in Jerusalem, konnten ihn mit bestem Willen bei keiner verbotenen Handlung, sei es nun am Sabbat oder bei irgend einem anderen Verstoß gegen Torah und Halacha, ertappen.

Kein Wunder! Denn Jesus war keineswegs ein lauwarmer Randjude, sondern ein Kernjude, dessen Judesein von seinem Menschentum nicht getrennt werden kann: Er pflegte *allwöchentlich* am Sabbat in der Synagoge zu beten, wie Luk 4,16 sagte; er saß *täglich* im Tempel, um dort zu lehren, wie er selbst berichtet (Matth 26,56); er pilgerte regelmäßig, *Jahr für Jahr* hinauf nach Jerusalem (Luk 2,41) und nicht zuletzt bekennt er sich *wortwörtlich* zum jüdischen Glaubensbekenntnis, wie Mark 12 es bestätigt.

So kann auch Paulus später von ihm sagen, er sei »ein Diener der Beschneidung gewesen« (Röm 15,8), »unter das Gesetz getan« (Gal 4,4) und gekommen, »damit er die den Vätern Israels gegebenen Verheißungen bestätige« (Röm 15,8). Die einzig mögliche Schlußfolgerung, die sich aus all diesen neutestamentlichen Aussagen ergibt, ist, daß Jesus von Nazareth zeitlebens der Bibel seines Volkes treu und ergeben geblieben ist – eine Tatsache, die er selbst zu Beginn seiner Bergpredigt mit Nachdruck bekräftigt: »Denn wahrlich, ich sage euch, bis Himmel und Erde vergehen, wird nicht ein Jota noch ein Tüttelchen von der Torah vergehen – bis alles geschehen ist.« (Matth 5,18)

Jeder heutige Rabbiner könnte dies getrost mit seinem Ja und Amen bekräftigen.

Was ist denn nun um diesen Sabbat, den die antike Heidenwelt als Ausrede für jüdische Faulheit mißverstanden hatte, da sich sogar jüdische Sklaven lieber mißhandeln ließen, als diesen Tag durch Arbeit zu entweihen? Einzigartig an ihm ist vor allem die Bibelwahrheit, daß er sowohl in die Schöpfung eingebaut wurde; daß er dann wiederum beim Auszug aus Ägypten als Erinnerung an das Heilshandeln Gottes Erwähnung findet, aber auch bei der Offenbarung am Sinai in das Zehngebot eingemeißelt wurde. So wird er also zum dreifachen Symbol des Anfangs: zu Beginn der Weltgeschichte als Krönung des Schöpfungswerkes; zu Beginn der Volksgeschichte Israels beim Exodus aus der Sklaverei – und zu Beginn der Heilsgeschichte, die mit dem Empfang der Gotteslehre zu Füßen des Sinaiberges, mitten in der Wüste, ihren Anfang nimmt.

In den Worten von Franz Rosenzweig: »Denn dies ist das Letzte: Seiner Einsetzung gemäß war der Sabbat zuforderst Erinnerung an das Werk des Anfangs und als solche dauernder, fester Grund des geistlichen Jahres; andererseits war seine Einsetzung selber doch innerhalb der Schöpfung schon das erste Zeichen der Offenbarung – erscheint doch in den Worten der Einsetzung verhüllt zum erstenmal in der Schrift der offenbarte Namen Gottes; ähnlich ist er aber nun gerade darin, daß er beides, sowohl Zeichen der Schöpfung wie erste Offenbarung, ist, auch und sogar vor allem die Vorwegnahme der Erlösung. Was denn anderes wäre die Erlösung als dies, daß sich Offenbarung und Schöpfung versöhnten?! Und was wäre die erste unerläßliche Vorbedingung solcher Versöhnung als die Ruhe des Menschen nach getaner Weltarbeit!«

Hier in dieser sabbatlichen Dreiwertigkeit steckt der Eckstein und der Prüfstein des gesamten Judentums. Hier ist der rote Faden, der die gesamte Glaubensstruktur Israels durchzieht. Von ihm sagte einer der Talmudmeister: »Mehr als Israel den Sabbat gehalten hat, hat der Sabbat Israel erhalten und zusammengehalten.«

Die fundamentale Bedeutung des Sabbatgebots

Wenn es ein Gebot gibt, in dem sich die ganze Torah sinnbildlich widerspiegelt, so ist es dieses Gebot der Sabbatruhe, die wie alle Tage der Bibel mit dem Sonnenuntergang des Vortages beginnt, um 24 Stunden später mit Sonnenuntergang wieder zu enden. Der Sabbat ist für die Juden, was für Europa der Kölner Dom, Notre Dame in Paris und die Peterskirche in Rom darstellen – ein Monument des Glaubens, in die Zeit hineingebaut und daher unzerstörbar und unvergänglich wie das Gotteswort selbst. Tausende von Künstlern über hundert Generationen hindurch haben an ihm gedichtet, geschnitzt und gemeißelt, bis er zum Inbegriff der liturgischen Schönheit und des Gottesdienstes schlechthin geworden ist. Was also bedeutet dieser Sabbat für gläubige Juden seit eh und je? Ich will versuchen, es in zehn Punkten zusammenzufassen, die Jesus sicherlich viel trefflicher formuliert hätte:

● 1. Zuerst die Mahnung in Exod 20,9: »Sechs Tage sollst du arbeiten und all dein Werk tun!« Also kann der Faulpelz und der Müßiggänger das Sabbatgesetz nicht erfüllen. Denn zuerst kommt das Gebot der Arbeit, da nur die Arbeit das Nicht-Tun zu einer wahren Ruhe machen kann. Also kann es nur der Fleißige erfüllen, der die Arbeit so ernst nimmt wie den Sabbat.

● 2. »Und du sollst am Siebenten Tage ruhen!« Für uns ist das die Unabhängigkeitserklärung Israels. Denn wir tun den ganzen Sabbattag hindurch das, was ein Sklave keineswegs tun darf, nämlich: ruhen an einem Tage seiner freien Wahl. So ist der Sabbat also der Inbegriff der Freiheit eines Judenmenschen, wie Luther vielleicht gesagt hätte, wenn er besser Hebräisch gekonnt hätte. Anders gesagt: Dieser Gott gewährt Seinem Volk an jedem siebenten Tag der Woche einen zweckfreien Raum, eine Zeit der Befreiung, die sie dem Anspruch jedes Herrn, jedes Machthabers, jeder Wirtschaftsordnung entzieht. Hiermit wird ein sichtbares Zeichen gesetzt für die von Gott geschenkte Mündigkeit des Menschen, die ihn nie vergessen lassen wird, daß er den Freibrief der Gottesebenbildlichkeit unwiderruflich in seinem Herzen trägt.

● 3. »Denn in sechs Tagen schuf Gott die Welt und ruhte danach, und du sollst auch ruhen!« Hier steht der Beginn jener *Imitatio Dei*, der Nachahmung Gottes, die für bibeltreue Juden zur Mitte ihrer Schrift geworden ist. Was Gott tat, nämlich sechs Tage arbeiten und am siebenten »aufatmen«, wie der Hebraismus es will, so sollst auch du, Sein Ebenbild, versuchen es dem Schöpfer nachzutun und nachzuleben. Nicht nur Vater und Schöpfer, sondern auch Vorbild soll dein Gott dir sein! Deshalb ist jüdischer Geist ein Geist der Weltbejahung und der Lebensfreude. Nächst der Enthaltung von jedweder Arbeit ist die wichtigste sabbatliche Übung der radikale Verzicht auf jedwede Kritik, auf Feststellung von Makeln, von Fehlern und Ungutem bei Mitmenschen oder an Umständen, an Sachverhalten oder Gegebenheiten. Kritik mag werktäglich notwendig sein, aber der Sabbat sollte uns die Augen dafür auftun, daß Gott Sein Werk an den ersten fünf Schöpfungstagen »gut« geheißen hat, jedoch am Vorabend des Ruhetages, als er die Menschen schuf, da heißt es in der Bibel: »Und Gott sah *alles*, was Er geschaffen hatte, und siehe, es war *sehr gut*« Was unser Vater im Himmel »sehr gut« geheißen und geschaffen hat, das sollten wir am Sabbat weder kritisieren noch mit Nörgelei zerpflücken.

● 4. Wenn wir am Freitagabend der Weltschöpfung durch Gott gedenken, daß Er das All aus dem Nichts ins Leben gerufen hat, so ist das auch ein heilsamer Dämpfer für all unsere Liliputaner-Arroganz. Denn wir selbst können ja nichts schaffen, da wir selbst Geschöpfe sind. Wir können nur vorhandene Dinge verwandeln. Wir können aus einem Stoff einen anderen produzieren oder pervertieren. Aber aus Nichts etwas oder aus Etwas Nichts zu machen – das bleibt der Allmacht des Weltherrn überlassen,– ein Gedanke, der uns die Grenzen aller Menschenmöglichkeiten eindeutig vergegenwärtigt.

● 5.Der Sabbat ist für die fortschreitende, noch unvollendete Schöpfung zugleich Auftrag zur Mitarbeit am Weiterschaffen. In Gen 2,3 heißt es: »Und Gott segnete den Siebenten Tag und heiligte ihn, weil Er an ihm ruhte von all Seinen Werken, die Gott geschaffen und gemacht hatte.« Die Pharisäer aber, schon vor Jesus, lesen den letzten Teil des Satzes um. Denn er läßt sich, ohne einen einzigen Buchstaben zu verändern, auch so lesen:

»... Weil Er an ihm ruhte von all Seinen Werken, die Gott geschaffen hatte; und nun zur Arbeit!«

Der letzte Infinitiv kann also auch als Imperativ verstanden werden. Mit anderen Worten: Hier hat Gott aufgehört zu schöpfen; jetzt fang du an, lieber Mensch, und tue weiter! Daher ist für uns der Dank für die anfängliche Schöpfung unzertrennlich verbunden mit dem Auftrag, unter Gott weiter zu schaffen.

● 6. Der Sabbat bedeutet für uns Juden auch Ferien vom Alltag, von dem vermaledeiten Leistungszwang und von der schrecklichen Ego-Verkrampfung. Er ist eine Heimkehr zum wahren Ich und zum Ursprung unser aller, nämlich der Gotteskindschaft aller Adamserben. Wir lesen die Bibel, wir debattieren mit Freunden, wir kehren uns ab von der Welt und wir kehren uns hin zum Humanum. Der Sabbat ist eine Denk- und Betpause, eine Neubesinnung auf die ersten und die letzten Dinge, die die Last und Hast der Werktage einfach nicht ermöglichen.

● 7. Der Sabbat ist ebenso eine Erinnerung an den Exodus. Er erinnert uns, daß der Sabbat das einzige der zehn Gebote ist, das schon vor dem Sinai gegeben wurde. Denn es heißt, gleich nach dem Auszug, daß das Manna in der Wüste nur sechs Tage lang vom Himmel fiel und die Juden nur soviel sammeln sollten, wie für einen Tag nötig war. Am Freitag aber fiel eine Doppelration, so daß sie am siebenten Tag weder sammeln noch auf die Felder gehen sollten, sondern ruhen. Es war im Grunde die erste Glaubensprüfung Israels, und die Kleingläubigen konnten sie nicht bestehen. Sie gingen hinaus aufs Feld, auch am Morgen des Sabbattages, fanden aber nichts und starben in der Wüste. Daher ist der Exodus mit dem Sabbat unzertrennlich verbunden, wie wir es auch in der Sabbat-Benediktion und dem Segensspruch über den Wein sagen.

● 8. Der Sabbat ist für uns ebenso ein Vorgeschmack der Messianischen Endzeit oder – wie die Rabbinen sagen – ein Abglanz

72

der Kommenden Welt. Im Hebräischen heißt die Kommende Welt auch »der Weltensabbat«, denn an ihm soll Ruhe, Eintracht und Friede walten – im Sinne von Schalom, d. h. Friede mit Gott, zwischen Menschen und in jedem Menschenherzen selbst. Der Sabbat ist daher ein Angeld auf die Friedensversöhnung, die uns die Propheten voraussagen – jenes göttlichen Schalom zwischen Gott und Mensch, zwischen Kultur und Natur, zwischen Leib und Geist, wo weder Krankheit, Tränen, Trauer noch Tod mehr sein werden.

● 9. Wir erinnern uns auch an den Anfang. Wenn wir vom Siebenten Tag sprechen, so sagen wir: »am Anfang schuf Gott Himmel und Erde.« Die Rabbinen kommentieren hier mit feinfühliger Psychologie: Wer »am Anfang« sagt, der läßt das Ende mitschwingen. Dieser Anfang, das erste Wort der ganzen Bibel, gibt der Menschheit in einem Wort drei Dinge: Es schenkt uns einen ursächlichen Anfang, ein zielbewußtes Weiterleben und, nicht zuletzt, ein verheißungsvolles Ende. Die Rabbinen besagen all dies in einem symbolischen Kürzel, in dem sie den Namen »Adam«, der erste Erdling, der auf Hebräisch mit drei Buchstaben geschrieben wird, folgendermaßen deuten: Das Aläph steht für Adam; das Daläth steht für David, und das Mem am Ende weist auf den Messias hin. Hier werden im ersten Menschen die drei Großetappen der ganzen Heilsgeschichte symbolisch vereinigt, die das ganze Werk vorausschatten und schon auf der ersten Bibelseite andeuten.

● 10. Kunst und Religion – diese beiden wesentlichsten Ausdrucksformen des Menschlichen protestieren beide, jede auf ihre Weise, gegen den Rost und den Grünspan des Alltags, die durch Gewohnheit und Gedankenlosigkeit das ewige Wunder der Schöpfung banalisieren und profanisieren. Jede Blume, jeder Strauch und jeder Baum bleibt ein ewiges, unergründliches Wunder Gottes und Seiner gottgewollten Natur. Wir aber brauchen einen Van Gogh oder einen Goethe, um uns daran zu erinnern. So dient der Sabbat auch dazu, um uns wegzuwenden vom Trubel, vom Wirrwarr und dem Getöse, das uns nicht denken läßt, um wieder das Hören und das Schweigen zu erlernen, das uns gewahr

werden läßt des Mysteriums, das allen Dingen unter Gott inne-
wohnt. Ein allwöchentliches Mahnmahl an die Unerschöpflich-
keit der Wege Gottes und so auch eine heilsame Stütze für unseren Glauben an Gott.

»Wohl dem Adamskind, daß es festhält, daß es den Sabbat halte
und nicht entheilige!« – so sagt uns der Prophet Jesaia. Und die
Rabbinen betonen: Er sagt nicht: Wohl den Israeliten; er sagt
auch nicht: Wohl den Leviten oder den Priestern, sondern er sagt
ganz universal und weltumfassend: »Wohl jedem Adamskind,
daß es den Sabbat halte!«

Es scheint wohl mehr als blinder Zufall zu sein, daß dieses biblische Grundgesetz heutzutage in der Tat universalen Anklang ge-
funden hat. Während sich das hebräische Wort Sabbat unüber-
setzbar als Lehnwort in alle Sprachen Europas eingebürgert hat,
ist das Prinzip der Sabbatruhe am Siebenten Tag überall im Welt-
kalender, im Brauchtum und im Gesetz der Völkerwelt geheiligt
worden – nicht nur im christlichen Abendland und im Bereich des
Islam, sondern auch in Sowjetrußland, in Indien und sogar in
Rotchina. Vielleicht ist diese Versabbatlichung der ganzen Erde
ein erster Schritt hin zur Erfüllung der Prophezeiung des Sacharia, der uns kündet, daß »an jenem Tage Gott Einer sein wird und
alle Völker Ihm in Eintracht dienen werden«.

Hier, in Kürze, einige Hinweise auf die Zentralität des Sabbatgebotes, das für Jesus kein Jota weniger wichtig war als für alle anderen gläubigen Kinder Israels – von unserer Volkwerdung an bis
auf den heutigen Tag.

Der neutestamentliche Befund, der anscheinend bis heute das
bestbewahrte Geheimnis der christlichen Bibelforschung ist, besagt, daß Jesus ein Torah-treuer Jude war und blieb, der nie und
nirgends gegen die mosaische Gesetzgebung verstieß.

Wer die Streitgespräche Jesu mit talmudkundigen Augen liest,
weiß, daß sie zur üblichen leidenschaftlichen Lehr-Dialogik der
Rabbinen gehören, die nicht der Feindschaft oder Mißgunst ent-
stammen, sondern einzig und allein der gemeinsamen Wahrheits-
suche, der Liebe zur Schrift und dem Ringen um ihre Gott-gefäl-

ligste Auslegung. Weder in diesen streitbaren Zwiegesprächen noch in seinen Lehrmeinungen, Gleichnissen oder in der Bergpredigt hat der irdische Jesus je den Boden seines pluralistischen Judentums verlassen.

Wie alle Leuchten Israels mußte er Widerspruch hervorrufen, denn sein Verhältnis zur Tradition der Väter war das einer Kontrast-Harmonie: Harmonie in allen Grundsätzen und Fundamenten des Glaubens (z. B. Mark 12,28 ff.; Matth 5,17 ff.) – gepaart mit legitimem Kontrast in zahlreichen Einzelheiten (wie z. B. das Händewaschen, die Tempelsteuer, die Schuldvergebung, der Umgang mit Sündern etc.), die nur dazu angetan waren, das vielstimmige Lehrgut seines Volkes zu bereichern.

Diesen ursprünglichen Tatbestand konnten die griechischen Endredaktoren der neutestamentlichen Berichte zwar vernebeln, aber nicht aus der Welt schaffen.

Jesus hinterließ uns leider kein Testament, außer dem, was er in die Herzen seiner Jünger geschrieben hatte. Die vier Evangelisten, von denen keiner ihn persönlich kannte, widersprechen einander in ihren Berichten nur allzu häufig. Jüdische Quellen über Jesus und sein Leben und Sterben sind leider so gut wie völlig der Sektenrivalität, der Zerstörungswut der römischen Legionen und später der Kirchenzensur zum Opfer gefallen.

Woran können wir also heute noch die wahre Einstellung Jesu zur Lehre seiner Väter und zur Tradition seines Volkes ablesen?

Nehmen wir an, Jesus sei wahrhaftig der »Vollender« oder der endgültige »Erfüller« des Gesetzes gewesen, das mit ihm seine Gültigkeit verliert; nehmen wir an, er hätte sich »vom Gesetze losgelöst« oder »sich über das Gesetz gestellt« und zum »Abfall von Moses aufgerufen«, wie es etliche Christologen bis heute behaupten – wie erklärt es sich dann, daß seine vertrautesten Jünger und Schüler, die jahrelang seine Lehre aus seinem Munde hörten und in seiner Gesellschaft lebten, daß diese Gemeinde insgesamt nie und nirgends auf solch einen revolutionären Torahbruch auch nur mit einem einzigen Wort anspielt, sondern vielmehr in der Befolgung aller Gesetze und Gebote mit den anderen Juden wetteiferte, der Torah Ehrerbietung zollte und den Tempel, wie alle frommen Söhne Israels ihrer Zeit, als zentrales Gotteshaus verehrte?

So zumindest bezeugt das Neue Testament auch nach Jesu Himmelfahrt: »Sie (die Apostel) kehrten in großer Freude nach Jerusalem zurück. Die ganze Zeit blieben sie im Tempel und priesen Gott.« (Luk 24,52 f.)

»Täglich verharrten sie einmütig im Tempel.« (Apg 2,46)

»Petrus und Johannes stiegen zum Gebet der Neunten Stunde zum Tempel hinauf.« (Apg 3,1)

Die erste »Kirche« auf Erden bestand nicht nur ausschließlich aus bibeltreuen Juden, sondern auch aus »einer großen Schar von Priestern« (Apg 6,7), einer Anzahl von Pharisäern (Apg 15,5) sowie zumindestens aus vier ultraorthodoxen Israeliten, die das Nasireatsgelübde (Num 6,1–21) auf sich genommen hatten (Apg 21,23).

»Du siehst, Bruder«, sagen Jakobus, der Bruder Jesu, und die Ältesten vorwurfsvoll zu Paulus, »wie viele Tausende unter den Juden gläubig geworden sind, und sie alle sind Eiferer für das Gesetz!« (Apg 21,20) »Wer nämlich das ganze Gesetz (lies: Torah) hält«, schreibt derselbe Bruder Jesu, der dessen Lehre am längsten und wohl am gründlichsten hätte kennen sollen, »aber nur ein Gebot übertritt, der verschuldet sich in allen« (Jak 2,10) – was wie ein Echo aus der Bergpredigt klingt:

»Wer also eines dieser geringsten Gebote aufhebt und die Menschen so lehrt, wird der Geringste heißen im Himmelreich.« (Matth 5,19)

Läßt sich aus dieser so offensichtlichen Treue zur Gotteslehre vom Sinai, die die ursprüngliche Jesusbewegung kennzeichnete, der leiseste Verdacht einer, wie auch immer gemeinten Minderung der Sabbatruhe herauslesen, die im Zehngebot für ewig verankert bleibt?

Wer diese Frage bejahen will, der wird die volle Beweislast zu tragen haben.

IV. Die Frage nach der Mitte der Schrift

»Und einer der Schriftgelehrten, der gehört hatte, wie sie miteinander debattierten, trat hinzu, und da er wußte, daß er ihnen gut
geantwortet hatte, fragte er ihn: Welches Gebot ist das erste von
allen? Jesus antwortete ihm: Das erste ist: ›Höre Israel: Der Herr
unser Gott, ist allein Herr; und du sollst den Herrn deinen Gott
lieben aus deinem ganzen Herzen, aus deiner ganzen Seele und
aus deinem ganzen Verstand und aus deiner ganzen Kraft.‹ Das
zweite ist dies: ›Du sollst deinen Nächsten lieben wie dich selbst.
Größer als dieses ist kein anderes Gebot. Und der Schriftgelehrte
sprach zu ihm: Richtig, Rabbi, du hast nach der Wahrheit gere-
det; denn Er ist Einer, und es ist kein anderer außer Ihm; und Ihn
zu lieben aus ganzem Herzen und aus ganzem Verständnis und
aus ganzer Seele und aus ganzer Kraft und den Nächsten zu lieben
wie sich selbst ist viel mehr als alle Brandopfer und Schlachtopfer.
Und als Jesus sah, daß er verständig geantwortet hatte, sprach er
zu ihm: Du bist nicht fern vom Reiche Gottes. Und es wagte niemand mehr ihn zu befragen.« (Mark 12,28–34).
Wer diese Schriftstelle mit jüdischen Augen liest, atmet erleich-
tert auf. Wir hören von keinem Konflikt; keine Haarspalterei,
keine Unterstellungen noch Scheltreden, sondern eine typische
Episode aus dem Alltag jener fernen Zeiten taucht hier vor unseren Augen auf, die das Gepräge der historischen Echtheit besitzt.
Einer der Torahlehrer stellt Jesus eine prüfende Frage nach seinem Glauben; Jesus antwortet mit dem wortwörtlichen Bekenntnis Israels, wobei er zwei Zitate aus seiner Bibel zum großen Doppelgebot der Liebe verschmilzt; sein Befrager begrüßt und bestätigt die Antwort des Rabbis von Nazareth – und die beiden verab-
schieden sich schließlich in einer Atmosphäre gegenseitiger Achtung und Hochschätzung.

Überraschend ist hier vor allem, daß die eindeutige Tempelkritik – »Liebe ist viel mehr als alle Brandopfer und Schlachtopfer« – nicht, wie die meisten Leser erwartet hätten, aus dem Munde Jesu kommt, sondern von seinen pharisäischen Gesprächspartnern geäußert wird. Liegt hier nicht auch ein Denkanstoß zu einer Neubewertung der Einstellung Jesu – sowohl zum Tempel als auch zu den Pharisäern?

Wer mit den Redeweisen der innerjüdischen Polemik vor zwei Jahrtausenden vertraut ist, merkt schon vom ersten Satz an, daß es hier um kein Streitgespräch geht, sondern um ein echtes Lehrgespräch. Der Schriftgelehrte akzeptiert nämlich schon im vorhinein den Nazarener als einen jüdischen Mitbruder, indem er ihn fragt: »Welches ist das erste Gebot?« Einen Ketzer oder Sektierer hätte er gefragt: »Welches ist dein – oder euer – erstes Gebot?« In der Frage, wie sie aber wirklich gestellt wurde, schwingt schon die Bruderschaft mit: Welches ist das erste Gebot, will der Befrager sagen, das uns gläubige Juden gemeinsam verpflichtet und verbindet?

Im Grunde geht es hier weder um das *erste* Gebot, wie Markus es nennt, noch um das *größte* Gebot, wie es bei Matthäus heißt; noch kann hier das *oberste* Gebot gemeint sein, wie es in der Synopse von Aland steht, denn alle drei Begriffe widersprechen der jüdischen Auffassung einer einzigen Tora, deren Gebote und Verbote insgesamt von Gott gegeben wurden – ohne Prioritäten oder Rangordnung unter ihnen festzulegen. Die Frage des Schriftgelehrten betrifft den »klall-gadol-ba-Tora« – was man wohl am besten mit der Mitte der Schrift, oder der Hauptregel der Bibel übersetzen kann, die als Leitmotiv der Göttlichen Weisung gelten darf.

Doch nun zum Inhalt der Perikope selbst. Unecht klingt hier nur der Schlußsatz, der besagt: »Und es wagte niemand mehr, ihn zu befragen«, – denn er widerspricht aller jüdischen Logik. Genau das Gegenteil hätte nämlich innerhalb des Judentums geschehen müssen: Von nun an brachten alle Leute in Galiläa ihre Zweifel, ihre Streitfragen und ihre Bibelprobleme zu Rabbi Jesus, der häufig große Mühe hatte, ihrem Ansturm zu entrinnen – wie es auch in allen vier Evangelien wiederholt bezeugt wird. Der griechische Schlußsatz hingegen entspringt eher einem heidnischen Unterwürfigkeitsdenken, das sich scheut, der überlegenen Lehrergestalt allzu nahe zu treten, und ihn daher nicht mit Fragen belästigen will. Daß solch eine Einstellung mit dem irdischen Jesus und seiner Vorliebe für die Armen, die Unterdrückten und die Randsiedler der Gesellschaft nicht mehr als den Namen gemeinsam hat, liegt auf der Hand.

Das Bekenntnis zum jüdischen Credo

Doch was können wir aus diesem Glaubensdialog lernen? Drei Dinge sollen hier vor allem betont werden:
Die Antwort Jesu betreffs seines Glaubens könnte heute von jedem Rabbi in Jerusalem ohne Zögern unterschrieben werden. Sie drückt, wie kaum ein anderes Bekenntnis, trefflich die Seele des ganzen Judentums aus. Und da dieses Herzstück aus dem Markusevangelium auch zum Glaubenskern des Christentums gehört, haben wir es hier mit der gemeinsamen Mitte beider Testamente zu tun.
Denn, was Jesus betrifft, handelt es sich hier um »kein neues Gebot«, wie es mit Recht im 1. Johannesbrief heißt, »sondern um ein altes Gebot, das ihr vom Anfang an hattet.« (I Joh 2,7).
Nun ist es charakteristisch für die Frühgeschichte des Christentums, daß dieser grundsätzliche Dialog Jesu mit einem führenden jüdischen Bibelkenner, den Markus, als ältester Evangelist, in seiner Urfassung bringt, von Matthäus und von Lukas wesentlich abgeändert wurde, während Johannes, der letzte Evangelist, ihn überhaupt nicht bringt. Aus dem neugierig fragenden und interessierten und von Jesus respektierten Schriftgelehrten wird schrittweise der böse Pharisäer, der Jesus »versuchen« will, nur um ihm eine *Falle* zu stellen. Demgemäß wird dann sowohl seine »verständige« Antwort als auch Jesu Bestätigung, daß er dem Himmelreich nahe sei, weggelassen. Und das Bekenntnis Jesu zum Gott Israels als dem Einzigen Herrn, das bei Markus dem Dop-

pelgebot der Liebe vorangestellt wird und bei Jesu Gesprächspartner ausdrückliche Bejahung findet, fehlt ebenso – sowohl bei
Matthäus als auch bei Lukas. Das sind nur drei Beispiele einer un-
verkennbaren Tendenz, die seit der Tempelzerstörung des Jahres
70 das Schrifttum der Frühkriche wie ein roter Faden durchzieht:
Jesusliebe und Judenhaß werden immer enger zu einem bibelwidrigen Zweigespann. Es ist eine Polemik, die aus den historischen
Umständen zu Ende des ersten Jahrhunderts verständlich ist und
das schrittweise Auseinandergehen der Glaubenswege von Kirche
und Synagoge ausdrückt – die aber dem Geist Jesu eindeutig widerspricht und seine frohe Liebesbotschaft Lügen straft.
Es ist an der Zeit, die rauhen Schalen vom Kern des Evangeliums
abzuschälen. Natürlich kann niemand von der Christenheit verlangen, antijüdische Stellen aus ihrer heiligen Schrift zu tilgen.
Aber das Gebot der Redlichkeit gebietet uns, solche Texte nicht
unkommentiert stehen zu lassen, denn dadurch wird das Gesamt-
bild des Neuen Testaments grundlegend verfälscht.
»Das Neue Testament ist an sich nicht antisemitisch«, schreibt der
katholische Theologe Clemens Thoma, »es erhält aber nachträg-
lich einen antisemitischen Beigeschmack, wenn man es ... kom-
mentarlos zitiert und ... verkündet, ohne im Geiste in das Zeital-
ter Jesu und in das Land der Juden zurückzusteigen.« (Kirche aus
Juden und Heiden, Wien 1970, S. 90)
Zurück zu unserer Markusperikope. Jesus beginnt seine Antwort
mit dem jüdischen Credo, das im Grunde das einzige Dogma des
Judentums beinhaltet. Es besteht lediglich aus sechs hebräischen
Wörtern und besagt in lakonischer Kürze:
»Höre Israel, der Ewige ist unser Gott; der Ewige ist All-Einig!«
Dieses unbestrittene Glaubensfundament aller Juden ist im Grunde der Herzschlag des Lebens Israel, wovon alles durchpulst wird.
Es ist der erste Bibelspruch, den Vierjährige auf dem Schoße ihres Vaters auswendig lernen, dreimal täglich umrahmt es die Syn-
agogenliturgie; als letztes Wort entweicht es den Lippen der Ster-
benden. Dem Frommen geht es hier nicht um große Aussagen
theologischer Natur, sondern um das Schlüsselgeheimnis aller er-
fahrbaren Wirklichkeit. Denn der Unterschied zwischen der Viel-

zahl der Heiden-Götter und dem Einen Gott ist nicht etwa ein Unterschied der Zahl – ein ärgeres Mißverständnis könnte es kaum geben –, sondern einen Unterschied des Wesens. Es handelt sich nicht um eine rechnerische, sondern vielmehr um eine ethische Abgrenzung. Der Gott Israels ist Einzig – Einzig, nicht dadurch, daß er allein viel mehr ist und tut als alle Götter der Heiden insgesamt, sondern indem Er Allein der Lebendige, der Schaffende, der liebend Gebietende ist. Ihm Allein ist es eigen, daß der Mensch Ihm wahrhaft dienen kann durch die Erfüllung sittlicher Forderungen.

Wenn ich den Glauben Israels auf ein einziges Wort reduzieren müßte, würde ich sagen: *Einheitsdurst*: Ein und Einzig ist der Gott der Welt, der ein einziges Weltall schuf, dessen grundliegende Einheit im hebräisierenden Begriff »Universum« ihren beredtsten Ausdruck findet. In diese Welt setzte Gott die Menschen als Ur-einheit, der er das Zehngebot als globales Sittengesetz geschenkt hat. Denn vom Mono-Theismus zur Mono-Ethik führt ein einziger Gedankenschritt: Wo viele Götter sich den Olymp teilen, kann Zeus verbieten, was Apollo verlangt. Nur wo ein Einziger Gott unüberbietbar herrscht, kann ein einziges Ethos als verbindlich für alle gelten. Da die ersten Bibelseiten dieser Idee der Menschheit als einer verbrüderten Großfamilie gewidmet sind, fragen die Rabbinen mit Recht:

»Warum schuf Gott nur einen Adam?« Worauf die zwei hauptsächlichen Antworten lauten: Um des Völkerfriedens willen – denn nun kann kein Adamssohn zu seinem Nachbarn sagen: Mein Blut fließt blauer in den Adern als deines! Auf daß kein Adel noch Rassendünkel aufkomme, hat uns der Schöpfer einen gemeinsamen Stammvater gegeben. Und damit keiner behaupte, es gäbe viele Mächte im Himmel, denn die Grundeinheit der (zerstrittenen) Menschheit beweist die Einzigkeit des Schöpfers wie auch die Gleichheit aller Adamskinder, die ausnahmslos in Nacktheit zur Welt kommen, um in derselben Blöße zur Erde zurückzukehren.

Aus dieser gottgewollten Gleichheit aller menschlichen Anfänge und Enden fließt, gut jüdisch, nicht nur die Demokratie der

Gleichberechtigung und die pluralistische Glaubensfreiheit, sondern, nicht zuletzt, auch der gleiche Heilsanspruch aller Gotteskinder.

Kein Ebenbild Gottes ist heillos! Das ist die Frohbotschaft der hebräischen Bibel, die unwiderlegbar aus der All-Einheit Gottes gefolgert werden muß, und keimhaft, aber unüberhörbar im *Sch'ma-Israel* mitschwingt, zu dem sich Jesus hier bekennt.

Was hier den Nachdenklichen beeindruckt, ist auch die kompromißlose Zentralität Gottes, die Jesus ohne Wenn und Aber postuliert. Gott Selbst und Er Allein ist Herr! Nichts und niemand außer Ihm soll euer Handeln und Wandeln bestimmen; nicht der Drang nach Ruhm und Ansehen noch die Gier nach Geld und Gütern oder Rücksicht auf die Familie, Blutsbande und Alter. Weder Angst vor der Obrigkeit noch Respekt vor der Priesterschaft – aber auch keine Verehrung Jesu erlaubt die Radikalität dieses demütigen Bekenntnisses. Denn hier spricht einer, der seine Sendung, im Sinne der Propheten, als Botendienst versteht, gesandt vom Einem »Der Allein gut ist« (Matth 19, 17), wie er anderswo betont.

Trotz seiner lapidaren Kürze zerteilen die Rabbinen ihren zentralen Glaubenssatz in drei Wortgruppen, die in ihrer vielsagenden Tiefe einer Kurzfassung der ganzen Heilsgeschichte gleichen.

Höre Israel! Diese Anfangsworte erinnern an die Volkwerdung Israels zu Füßen des Sinaiberges, an die Befreiung aus der Knechtschaft, die ihr voranging, an das Geschenk der Torah und den Schwur der Annahme: »Wir tun's und hören es!« (Exod 24, 7), dank dem ein Haufen von entlaufenen Sklaven mitten im Niemandsland der Wüste zur Eidgenossenschaft Gottes auf Erden werden durfte.

Der Ewige ist unser Gott! Diese Aussage, die als logische Folge des Sinaierlebnisses gilt, ist der Auftrag, Gottes Weltkönigtum allen Völkern kundzutun, an seiner vollen Verwirklichung mitzuwirken und seine Herrschaft den Nationen der Erde als Tat des Glaubens zu vergegenwärtigen, »auf daß sie sagen müssen: Wo ist so ein herrliches Volk, dem ein Gott so nahe ist, wie uns der Herr, so oft wir Ihn anrufen?!« (Deut 4, 6f.)

»*Der Ewige ist All-Einig!*« Dieses Schlußwort ist nicht nur die Grundlage des reinen Mono-Theismus, der keine Vielfalt in Gott erträgt, sondern auch ein deutlicher Hinweis auf die Heilszusage Gottes und seine Verheißung der messianischen Endzeit, »wenn der Herr Einzig sein wird und Sein Name Einzig«, wie der Prophet Sacharia (14,9) es uns geweissagt hat.

Als Erinnerung an geschehenes Heil, als Auftrag für hier und heute und als immergrüne Hoffnung auf die ersehnte Erlösung – in dieser Dreigliederung wird das Credo Israels – das Jesus andächtig nachspricht – zur Quintessenz des gesamten Judentums.

Als so lebenswichtig gilt dieser Kernsatz des jüdischen Glaubens, daß die letzten Buchstaben des ersten und des letzten Wortes seit Jahrtausenden in allen Schriftrollen in überdimensionaler Größe erscheinen. Es handelt sich um das AYN im »Sch'ma« (Höre!) und das DALET in »Ächad« (Einer). Dies geschieht, um zu vermeiden, daß diese Buchstaben irrtümlich mit den ihnen ähnelnden ALEPH und RESCH verwechselt werden, was zu einer blasphemischen Verzerrung führen könnte, die besagt: »*Vielleicht*, Israel, ist Der Ewige unser Gott, ein *anderer* Gott.«

AYN und DALET zusammen ergeben jedoch das hebräische Wort »ED«, was »Zeuge« bedeutet – im Sinne von Jes 43,10, wo ganz Israel von Gott als »Meine Zeugen« angesprochen wird.

Diese Zeugenschaft wurde zu Makkabäerzeiten auf griechisch mit »Martyrium« übersetzt. Denn mit dem »Sch'ma Israel« als Testament bekräftigen seit damals unzählige Glaubenshelden in Israel ihre Weigerung, auch unter Folter und Tortur, dem Gott ihrer Väter abzuschwören oder untreu zu werden.

Auf Hebräisch heißt diese Bezeugung der Einzigkeit Gottes auch »das Joch seiner Gottesherrschaft auf sich nehmen« – eine Selbstunterwerfung unter den Willen der Göttlichen Allmacht, die sowohl im grauen Alltag durch Taten vorgelebt und, wenn nötig, unter Drangsal und Verfolgung auch vorgestorben werden soll.

So heißt es im Talmud von Rabbi Akiwa, ein Jahrhundert nach Golgotha:

»Einst ordnete die frevelhafte (römische) Regierung an, daß sich

Israel nicht mit der göttlichen Weisung mehr befasse ... Nur wenige Tage vergingen, bis sie Rabbi Akiwa ergriffen und ihn ins Gefängnis warfen (da er die Torah lehrte) ... In der Stunde, da sie Rabbi Akiwa zur Hinrichtung hinausführten, war es Zeit, daß *Höre Israel* zu bekennen. Als sie sein Fleisch mit Kämmen aus Eisen kämmten, nahm er willig das Joch der Herrschaft des Himmels auf sich. Seine Schüler sagten zu ihm: Unser Meister! Bis hierher? Er aber sagte zu ihnen: Alle Tage meines Lebens habe ich mich über diesen Vers gegrämt: Mit deiner ganzen *Seele* sogar, wenn Er deinen Odem wegnimmt. Ich sagte mir: Wann wird es mir zuteil werden, daß ich es erfüllen kann? Und jetzt, da es mir zuteil wird, soll ich es nicht erfüllen? Er dehnte das Schlußwort ›Einer‹ so lange aus, bis sein Odem dabei ausging. Da ging eine Himmelsstimme hervor, die sprach: Wohl dir, Rabbi Akiwa, daß dein Odem bei *EINER* ausging! ... Die Stimme sprach: Wohl dir, Rabbi Akiwa, denn du bist bestimmt zum Leben der kommenden Welt!« (Berachot 61 b.)

So wie Akiwa lebte auch Jesus in der Gotteslehre, und all ihr gemeinsames Streben galt der Erlösung Israels. Freiwillig nahmen beide das Joch der Gottesherrschaft auf sich – nicht nur im Gebetswort, sondern auch in der Glaubenstat – um ihr Leben durch den Märtyrertod zu krönen.

»Du sollst den Herrn, deinen Gott lieben ...« Es ist das erstemal in der Menschheitsgeschichte, daß eine Religion gebietet, Gott zu lieben. Ist das nicht eine utopische Überforderung? wirft einer der Rabbinen ein. Diesen verborgenen, unbekannten, oft auch furchtbar scheinenden Gott völlig umsonst zu lieben, vermag ja nur, wer vernarrt ist in diesen Gott, der Seine aufmüpfigen störrischen Kinder völlig umsonst liebt. Es ist eine Liebe, die nichts von der sogenannten Vernunft hören will, und dennoch Lichtjahre über alle Siebengescheitheit erhaben ist. Denn Mose, David und Jesus beteuern unermüdlich, daß eben diese grundlose, grenzenlose, selbstlose Gottesliebe der Anfang und das Ende aller Menschenweisheit ist und bleibt.

Der Weg zu Gott führt über den Nächsten

Wie aber liebt man einen körperlosen, unsichtbaren Gott? Zur Antwort auf diese berechtigte Frage führt uns die einzige Schwierigkeit, die hier in Jesu Worten auftaucht. Denn es mutet doch seltsam an, daß er auf eine einzige Frage zwei verschiedene Antworten gibt.

»Was ist das erste und das wichtigste Gebot?« will der Schriftgelehrte wissen. Jesus aber zitiert zwei Schlüsselstellen aus seiner heiligen Schrift (die auch die meine ist): Eine aus dem Buch Deuteronomium 6, die andere aus Leviticus 19.

Für einen Hindu oder Buddhisten mag das wie eine überflüssige Verdopplung anmuten; nicht aber für rabbinisch geschulte Juden, wie Jesus einer war. Denn diese Doppelliebe gilt seit eh und je als ein Gebot – aus dem gut jüdischen Grund, der sowohl im Talmud als auch im I. Johannesbrief zu finden ist, wo es heißt:

»Wenn jemand sagt, ich liebe Gott, und haßt seinen Bruder, so ist er ein Lügner. Denn wer seinen Bruder nicht liebt, den er gesehen hat, der kann nicht Gott lieben, Den er nicht sehen kann.« (I Joh 4,20).

»Liebe den Fremdling wie dich selbst,« so lautet ein Gebot im Buche Leviticus (19,34).

»Du sollst den Herrn, deinen Gott lieben vom ganzen Herzen«, so steht es geschrieben im letzten der fünf Bücher Moses (Deut 6,5).

Da die Fremdlingsliebe jedoch viel früher Erwähnung findet als die Gottesliebe, so folgern die Rabbinen, daß nur derjenige, der seinen Nächsten liebt, auch imstande ist, seinen Schöpfer zu lieben. Anders gesagt: Der Weg zu Gott führt einzig und allein über deinen Nächsten.

Und noch ein Drittes:

Aus jüdischer Sicht kann es hier zu diesem Evangeliumsabschnitt nur einen Einwand geben: Markus vergaß im Zitat aus Lev 19,18 die letzten drei Worte. Dort heißt es nämlich im Urtext:

»Liebe deinen Nächsten wie dich selbst; Ich bin der Herr.« Jesus hat sie sicherlich nicht vergessen, denn er, der da sagte: »Eher

werden Himmel und Erde vergehen, als daß ein Jota oder ein Tüttelchen von der Weisung vergehe« (Matth 5,18), der ging sehr umsichtig und behutsam mit seiner Heiligen Schrift als dem Worte Gottes um.

Dennoch habe ich volles Verständnis für Markus, denn dieses Finale scheint ja völlig überflüssig zu sein. »Liebe deinen Nächsten wie dich selbst« – das ist ein vollständiger Satz, sowohl aus grammatischer als auch aus theologischer Sicht, und bedarf im Grunde keinerlei Vervollkommnung. Fast zweihundert Jahre lang währte die Talmuddebatte über das Rätsel dieses scheinbar überflüssigen Abschlußes: »Ich bin der Herr« – eine Aussage, die ohnehin in der hebräischen Bibel zumindestens dreihundertmal vorkommt. Doch da die Heilige Schrift weder Mangel noch Überfluß kennt, muß dieser Abschluß gerade an dieser Stelle einen tieferen Sinn besitzen. Der Konsens der Bibeldeuter, der sich als Antwort auf diese Frage allmählich herausschälte, lautet:

Auf daß die Nächstenliebe nicht in rein horizontale Nutznießerei, in eine Gott-lose Genossenschaft von Ungläubigen, wenn auch weitsichtigen Egoisten, ausarte, bedurfte es des Zusatzes: Ich bin Gott, dein Herr. Denn *nur* unter der gemeinsamen Vaterschaft Gottes hat eine Nächstenliebe als Bruderschaft von Mitmenschen Sinn und Bedeutung. Auf die Frage, wie man den Unsichtbaren Gott lieben könne, kennen die Talmudmeister nur die Antwort der Bibel: »Dem Herrn eurem Gott folget nach!« (Deut 13, 4)

Ja, aber ist es denn einem Menschen möglich, der Majestät Gottes Nachfolge zu leisten? So lautet der Einwand eines Rabbis, denn es steht ja auch geschrieben: »Der Herr, dein Gott, ist ein verzehrendes Feuer.« (Deut 4,24)

Und die Antwort: »Nein, nicht Seiner Majestät, sondern Seinen Handlungsweisen gilt es nachzufolgen: Wie Er Nackte kleidet – es steht doch geschrieben: »Da machte der Herr, Gott, für den Menschen und sein Weib Fellröcke, damit er sie bekleide« (Gen 3,21) – so kleide auch du Nackte! Der Heilige, gelobt sei Er, besuchte Kranke, wie geschrieben steht: »Da erschien ihm der Herr bei den Eichen Mamres« (Gen 18,1) – so besuche auch du Kranke! Der Heilige, gelobt sei Er, tröstete Trauernde, wie geschrieben, steht: »Es geschah nach Abrahams Tod: Da segnete Gott Isaak seinen Sohn« (Gen 25,11) – so tröste auch du Trauernde! Der Heilige, gelobt sei Er, begrub Tote, wie geschrieben steht: »Da begrub Er ihn (Moses) im Tale« (Deut 34,6) – so begrabe auch du Tote!« (Sota 14 a)

Für diejenigen, die eine Kurzform vorziehen, sagt die rabbinische Predigt:

Die Torah beginnt mit einer Liebestat und endet mit einer Liebestat Gottes: Er fertigte für das erste Menschenpaar die Bekleidung an (Gen 3,21) und der letzte Abschnitt berichtet, daß Gott Moses begraben hat (Deut 34,6).

In eben diesem Sinne heißt der Kommentar zum Gebot »Den Herrn euren Gott zu lieben« (Deut 11,13): »Alles, was ihr tut, sollt ihr nur aus Liebe tun!«

Nicht zuletzt folgern die Rabbinen aus dem Psalmwort »Gütig ist Gott für alle, und Seine Barmherzigkeit erstreckt sich über all Seine Werke« (Ps 145,9), daß der Prüfstein für die wahre Gotteskindschaft in der Nachahmung der schrankenlosen Güte Gottes besteht.

Sogar Max Horkheimer, dieser gläubige Ketzer des Judentums, bestätigt denselben Grundgedanken:

»Mit der letzten Spur der Theologie verliert der Gedanke, daß der Nächste zu achten, gar zu lieben sei, das logische Fundament.«

Wie zentral diese so verstandene Nächstenliebe als tatkräftiger Gottesdienst im Judentum gilt, mag die Vielzahl der Deutungen des Wortes aus Leviticus bezeugen.

Die Chassidische Deutung besagt: »Liebe deinen Nächsten wie dich selbst; Ich bin der Herr.« Der tiefere Sinn besagt, daß, wo immer zwei auf Erden sich selbstlos lieben, da ist Gott der Dritte in ihrem Bunde. Martin Buber erzählte, daß einst nach einem Vortrag über die Nächstenliebe eine Dame ihn ansprach, um zu fragen: Ich liebe mich selbst überhaupt nicht, Herr Buber, wie kann ich dann den Nächsten lieben? Buber und Rosenzweig, die damals gerade die Heilige Schrift verdeutschten, nahmen diese Frage ernst, hinterfragten ihren Text, um auf die Möglichkeit einer anderen Übertragung zu stoßen, die dem Urlaut und dem Ursinn ebenso gerecht wird.

Schließlich schrieben sie: »Liebe deinen Nächsten, er ist wie du!« Hiermit wird ausgesagt, daß dein Mitmensch, was immer auch der Augenschein sein mag, genauso schwach, gebrechlich, hinfällig und den Ängsten ausgesetzt ist wie du selbst. Dieses Sein-wie-du entwaffnet also jedwede Angst, die du vor deinem Nächsten haben könntest. Wenn der Angst der Boden entzogen wird, wird auch der Haß, der fast immer einer unterschwelligen Angst entspringt, gegenstandslos und hinfällig. Und sobald Angst und Haß verschwinden, öffnen sich die Tore des Herzens für die unbehinderte, freie Nächstenliebe.

Raschi, der größte Kommentator des jüdischen Mittelalters, fragt: Kann man denn Liebe überhaupt befehlen? Aus dieser gerechtfertigten Frage entstand die Nachforschung, die feststellen konnte, daß hier gar nicht geschrieben steht: Liebe deinen Nächsten, im Akkusativ, sondern im Dativ, eine Wortfolge, die im Deutschen kaum übertragbar ist, nämlich:

»Liebe deinem Nächsten wie dich selbst!« Der Sinn ist, daß nicht Liebe als Gefühl geboten wird, was eigentlich unmöglich ist, sondern praktische Liebeserweise gefordert werden – wie etwa Krankenbesuch, das heimliche Geben von Almosen, das Trösten der Trauernden, die Bestattung von Unbegrabenen – mit einem Wort, all die praktischen Liebeserweise, die in Taten münden.

Was taugen aber Liebeserweise, wenn sie die echte Liebe nicht beflügelt? So fragte einer der Rabbinen mit Recht. Und die Antwort: Sobald praktische Liebeserweise als Gottes Gebot mit ganzer Redlichkeit erfüllt werden, da schwimmen bald die Gefühle im Fahrwasser der Taten nach.

Die Schüler fragten eines Tages den Rabbi von Zlozow: »Es heißt im Talmud, unser Vater Abraham habe die ganze Torah erfüllt. Wie ist dies möglich, da sie ja damals noch nicht gegeben war?«

»Es tut nichts not«, antwortete der Rabbi, »als Gott und Seine Geschöpfe zu lieben! Willst du etwas tun und merkst, es könnte deine Liebe mindern, so wisse: es ist Sünde; willst du etwas tun und merkst, daraus wird sich deine Liebe mehren, so wisse: dein

Wille ist in Gottes Willen geschickt. So hielt es auch unser Vater Abraham.«

Rabbi Joshua Heschel, einer der großen Religionsphilosophen unseres Jahrhunderts, sagte: Liebe deinen Nächsten; er ist wie du. Was will der Schöpfer uns damit beibringen? Worauf der Rabbi antwortete:

Gott spricht: Ich habe euch beide als Träger meines Ebenbildes geschaffen, so daß jeder Nächstenhaß nichts anderes ist als verkappter Gotteshaß. Indem du deinem Nächsten etwas nachträgst, ihn schmähst, verabscheust oder geringschätzt, so tust du all dies dem Göttlichen Funken an, der in seinem Herzen brennt und ihm den Adel des wahren Menschentums verleiht.

Rabbi Simon ben Eleasar lehrte: »Mit einem großen Schwur wurde das Gebot der Nächstenliebe ausgesprochen. Denn aus Gottes Munde heißt es: Ich habe ihn geschaffen. Wenn du ihn liebst, will Ich dirs mit Gegenliebe vergelten. Wenn aber nicht – so bin ich dein Richter, um zu strafen.« (ARN 16).

Sich selbst annehmen

Die Mystiker der mittelalterlichen Kabbalah pflegten zu sagen: Der Nächste ist immer ein Stück von dir; in jedem Mitmenschen steckst du selbst keimhaft drin; Nicht-Liebe zum Nächsten rächt sich daher am eigenen Ego, das aufschreit zum Himmel gegen den Masochismus der Lieblosigkeit. Denn jeder Haß ist zutiefst gesehen: Selbsthaß. Jeder Liebeserweis ist eigentlich ein Dienst-am-Ich; Altruismus ist daher nichts anderes als erleuchteter Egoismus, der das Gefängnis der eigenen Haut zu sprengen vermag.

Doch das Gebot der Nächstenliebe ist nicht absolut; es ist in der Liebe zu dir selbst verankert. Zur Selbstliebe muß daher noch etwas gesagt werden. Bis vor wenigen Jahren kam in der Theologie meist nur die Annahme des Menschen durch Gott und die Annahme des Mitmenschen durch seinen Nächsten vor. Die Selbstannahme des Menschen hingegen wurde als Egoismus und Selbstherrlichkeit verpönt – denn die Bibel schien ja das Gegenteil zu verlangen: sich selbst verleugnen und den Nächsten annehmen.

Und so forderte ein dogmatischer Rigorismus die Selbstverleugnung des Menschen als die schlechthin christliche Haltung. Als christlich galt ein Tun grundsätzlich nur dann, wenn es dem Täter selbst wehtat. Dieses moralische Rezept reichte von den Einsiedlern in der ägyptischen Wüste und den Flagellanten des Mittelalters über die Reformierten Stadtväter von Genf und die Pietisten in Wuppertal bis hin zum großen Kant in Königsberg. In den Kinderstuben und auf den Kasernenhöfen herrschte dieselbe destruktive Zuchtmoral, deren Leitmotiv besagte: Das Selbst des Menschen muß zuerst einmal gebrochen werden. Die Folgen waren zahllose seelische Verkrüppelungen, zu denen viele Kirchen ihren Segen gaben – vorausgesetzt, daß solche masochistische Selbstverleugnung nicht im Selbstmord mündete. Erst die moderne Psychoanalyse hat in unseren Tagen die Theologie an die uralte hebräische Bibelweisheit erinnert, daß Selbstannahme noch keinen Egoismus bedeutet, sondern zu einem sinnvollen Leben dazugehört.

Sich selbst annehmen, heißt Ja zu sich sagen, obwohl man so ist, wie man ist und wie man selbst gar nicht sein möchte.

Sein Versagen eingestehen und dennoch weder in Schuldgefühlen noch in Selbstmitleid ertrinken; seine Körpergestalt und seine Anlagen ertragen und von dem heldenhaften Wunschbild Abschied nehmen, das man von sich selbst entworfen hat; die Richtung und Grenzen seiner eigenen Begabung erkennen und nichts Unmögliches von sich verlangen, denn Selbstüberforderung kann rasch in Selbstverachtung münden, die im Selbsthaß endet, der alles Lieben verlernt.

Nur in dem Maße, in dem einer sich selbst angenommen hat, ist er überhaupt fähig, andere anzunehmen. Das wußte schon Hillel, das Schulhaupt der Pharisäer, den etliche Forscher zu den Lehrern des jungen Jesus zählen. Er hinterließ uns den Spruch, der längst zum Lehrlied in den Schulen Israels geworden ist:

»Wenn ich nicht für mich bin, wer ist dann für mich?
Solange ich aber nur für mich selber bin, was bin ich?
Und wenn nicht jetzt, wann sonst?« (Abot I,14)

Und Rabbi Simon lehrte nach ihm: »Sei achtsam beim Bekenntnis

›Höre Israel!‹ und beim Gebet, und wenn du betest, mach deine Worte nicht zu einer Formel, sondern zu einem Flehen um Erbarmen und um Gnade vor Gott ... und sei nicht in deinen eigenen Augen ein Frevler« (d. h. halte dich nicht für einen solchen Sünder, dessen Buße vor Gott nicht angenommen werden kann). (Abot II,18).

Im Talmud wird über den Grenzfall debattiert, wo Selbstliebe und Nächstenliebe unvereinbar sind:

»Zwei Personen befinden sich auf dem Wüstenweg, im Besitz des einen befindet sich ein Krug Wasser, dessen Inhalt nur für einen reicht. Wenn beide trinken, sterben beide des Durstes; trinkt aber einer, so reichen seine Kräfte, um eine bewohnte Gegend zu erreichen. Was tun? Ben Petora sagte:»Lieber sollen beide trinken und sterben, als daß der eine den Tod des anderen sehe.« Rabbi Akiwa hingegen lehrte: »Es steht geschrieben: ›Es lebe dein Bruder mit dir‹. (Lev 25,36) Also geht dein eigenes Leben dem Leben deines Nächsten vor.« (Baba Mezia 62 a)

Gemeint ist, daß dein Bruder mit dir (oder: neben dir) lebe, was dein eigenes Leben voraussetzt. Wo es also unmöglich ist, deinen Nächsten genau wie dich selbst zu lieben, sondern nur ein Mehr oder ein Weniger in Frage kommt, darfst du der Selbsterhaltung den Vorrang geben, denn die Heiligkeit des Menschenlebens erfordert vor allem die Fürsorge für das eigene Leben, das dir vom Schöpfer geschenkt wurde.

Die Selbstaufopferung, das Martyrium und der Altruismus einzelner wird im Judentum seit eh und je als Heldentat geschätzt und besungen. Dem Rabbi Akiwa ging es jedoch um eine Lebensregel für die breite Volksmasse, die weder auf Heuchelei noch auf Überforderung basieren sollte.

Merkwürdig ist es, wie die moderne Psychologie diese uralten Einsichten des Glaubens heutzutage bestätigt und wissenschaftlich untermauert. Zu-sich-selbst-finden; Selbsterfüllung; Lebensverwirklichung oder Verselbständigung – so lauten die Devisen der Erben von Sigmund Freud. Gleichzeitig aber predigen sie den Durchbruch durch die Mauer der Ego-Verkrampfung, die nur allzu viele unserer Zeitgenossen als Schutz vor Verletzlichkeit um sich herum aufgebaut haben.

Hier verbinden sich, wie die Psychotherapeuten finden, die Suche nach Kontakt mit der Sehnsucht nach Transzendenz; der Wunsch nach Heilung geht Hand in Hand mit dem Hunger nach dem Heil. Immer wieder entdecken die Ärzte, wie sich in der engen Beziehung zweier Menschen Gehalte offenbaren können, die transzendentaler Natur sind – jenseits aller Therapie, die solches nicht zu geben vermag.

Letztlich ist es der Mut, sich in einer echten Ich-Du-Beziehung erschüttern zu lassen, die sowohl liebesfähig als auch glaubensbereit machen kann. Ein solches Sich-Öffnen, das geistige Durchlässigkeit entstehen läßt, mündet nicht nur in erhellenden zwischenmenschlichen Beziehungen, sondern auch in wahrer Ergriffenheit, die von beiden Betroffenen als Geschenk der Gnade empfunden wird.

Der Weg nach oben, so lernen es nun auch die Psychologen, führt immer durch das Herz des Nächsten. Denn der Mensch ist schließlich ein dialogisches Wesen, das sein authentisches Selbst nur in der lebendigen Beziehung zum anderen verwirklichen kann.

Diese Urwahrheit bringt eine chassidische Geschichte zum Ausdruck, die sich mit der messianisch gedeuteten Frage des Propheten Jesaia befaßt:

»Wächter, wie weit ist es in der Nacht?« (Jes 21,11) – wobei die Finsternis als Zeit der Bedrängnis und der heißersehnte Morgen als Erfüllung der Verheißungen gilt, der Beglückung und Erlösung bringen wird. Und so fragte Rabbi Israel Baal Schem-Tov seine Schüler, wie man die Stunde bestimmen könne, in der die Nacht ende und der Tag mit dem Morgengrauen beginnt.

»Wenn man von weitem einen Hund von einem Schaf unterscheiden kann«, so schlug einer der Schüler vor.

»Nein«, antwortete der Rabbi.

»Ist es, wenn man einen Weinstock von einem Feigenbaum unterscheiden kann?« fragte ein zweiter.

»Nein«, sagte der Rabbi.

»So sag uns doch die Lösung«, baten hierauf seine Schüler.

»Es ist dann«, sagte der weise Lehrer, »wenn du in das Antlitz eines Menschen schauen kannst und genug Licht hast, um in ihm deinen Bruder zu erkennen. Bis dahin ist es dunkel, und die Nacht ist noch bei uns.«

Die Summe der Bibel

Obzwar das gläubige Judentum keine Schrumpfung der Torah auf irgendein Einzelwort als Summe der gesamten Weisung anerkennt, gibt es zahlreiche rabbinische Versuche, den Kern der biblischen Botschaft in kurzen Sentenzen zum Ausdruck zu bringen.

So zum Beispiel heißt es von Hillel, den ein Heide einst fragte, ob er ihm die ganze Gotteslehre beibringen könne, während er auf einem Fuße stehe:

● »Was dir unlieb ist, das tue auch deinem Nächsten nicht an! Das ist die ganze Torah; der Rest ist Auslegung. Nun geh und lerne!« Noch kürzer als die goldene Regel ist der Leitgedanke Rabbi Eleasars von Modiin, der sagte:

● »Gehorche dem Gotteswort! Dies ist die Hauptregel, in der die ganze Torah enthalten ist.«

Rabbi Akiwa lehrte seine Schüler hingegen:

● »Liebe deinen Nächsten wie dich selbst – das ist die umfassende Hauptregel der Torah.« Sein Kollege, Rabbi ben Azzai, jedoch ordnet die Nächstenliebe dem Gedanken der Gottesebenbildlichkeit des Menschen unter, indem er erwiderte:

● »Am Tage, da Gott den Menschen schuf, machte Er ihn in Seinem Bilde – diese ist eine größere Hauptregel als jene.«

Bar Kappara, der bekannt ist für seine Aphorismen, sieht in der Erkenntnis Gottes den Schlüssel zu aller Weisheit, denn er sagte einst:

● »Welches ist ein kleiner Spruch, an dem alle Teile der Torah hängen?« Worauf er als Antwort aus den Sprüchen Salomos zitiert: »In allen deinen Wegen erkenne Ihn, so wird Er dich recht führen.« (Prov 3,6).

● Rabbi Simlai hingegen sieht den Kern der Torah im Wort des Propheten Amos: »Sucht Ihn, auf daß ihr lebet!« (Amos 5,4)

Die Antwort Jesu auf die Frage nach einer zusammenfassenden Richtschnur der Torah hat den Vorteil, daß sie in lapidarer Kürze einen universalen Heilsbogen spannt, der vom Sinai der Gesetzgebung bis hin zur Bergpredigt in Galiläa reicht. Denn das Doppelgebot der Liebe ist auch eine Art von Stenogramm der Zehn Gebote, von denen es heißt, daß sie allein von Gottes Finger selbst geschrieben wurden – und nicht von ungefähr sagt uns die Bibel, daß sie auf zwei Steintafeln eingemeißelt worden seien. Zweier Tafeln bedurfte es, denn die erste umfaßt die Beziehungen zwischen Gott und Mensch, während die andere die Gebote der Mitmenschlichkeit in lakonischer Kürze umfaßt – anders gesagt: die praktische konkrete Anwendung der Nächstenliebe. Beide zusammen sind die Quintessenz des göttlichen Auftrages an die Menschheit; alle beide finden ihre trefflichste Zusammenfassung im jesuanischen Doppelgebot der Liebe, als Kernstück und als Leitstern aller Gott-gewollten Gesetzlichkeit.

Paulus war der Meinung, die zweite Hälfte des jesuanischen Doppelgebotes sei alles, was von der Bibel Jesu nötig wäre, um ein Gott-gefälliges Leben zu führen. Und so sagt er:

● »Wer den anderen liebt, hat das Gesetz erfüllt. Die Gebote ... werden ja in diesem einen Wort erfüllt: Du sollst deinen Nächsten lieben wie dich selbst! ... So ist die Liebe die Vollendung des Gesetzes.« (Röm 13,8 ff.)

Und, im Galaterbrief:

● »Das ganze Gesetz ist in dem einen Wort erfüllt: Du sollst deinen Nächsten lieben wie dich selbst!« (Gal 5,14f.) Die Rabbinen hatten hierzu im Prinzip nichts einzuwenden, aber sie waren viel zu welterfahrene Menschenkenner, um die Konkretisierung dieses Hauptgebotes der Willkür des einzelnen zu überlassen.

So formulierten sie Hunderte von Satzungen, die der Nächstenliebe unter den verschiedensten Umständen des Alltags volle, bibelgetreue Geltung zu verschaffen bestimmt sind.

Ja, im Grunde ist der ganze Talmud, wie es heißt, ein einziger Kommentar zur Nächstenliebe, der nichts anderes bezweckt, als die volle Verwirklichung dieser Liebe zum Mitmenschen – auch in so prosaischen Angelegenheiten wie Mieterschutz, Schadenersatz, Schmerzensgeld, Fallobst oder Stundung von Schulden wegen plötzlicher Erkrankung.

Niemand kann behaupten, daß Jesus das Gesetz »abgeschafft« habe oder auf ein einziges zu schrumpfen beabsichtigte, denn hier zitiert er ja nur die Grundlage oder das Hauptgebot als biblisches Leitmotiv – was eindeutig erkennen läßt, daß er auch die Gültigkeit anderer Gebote völlig anerkennt. In seinen eigenen Worten:

»Meinet nicht, ich sei gekommen, das Gesetz oder die Propheten aufzulösen. Ich bin nicht gekommen aufzulösen, sondern zu erfüllen. Denn wahrlich, ich sage euch: Bis Himmel und Erde vergehen, wird nicht ein Jota oder Häkchen vom Gesetze vergehen, bis alles geschehen ist. Wer also eines dieser geringsten Gebote aufhebt und die Menschen so lehrt, wird der geringste heißen im Himmelreich; wer sie aber tut und lehrt, wird groß heißen im Himmelreich.« (Matth 5,17–19).

Versöhnungszeichen

Ich habe oft über das Kreuz nachgedacht – jenes Kreuz, das einst das sadistischste Marterinstrument der grausamen Römer war; an dem Tausende und Abertausende von frommen Juden, vor Jesus, zusammen mit Jesus und auch nach Jesus verbluten mußten. Dieses Kreuz, das wir seit Makkabäerzeiten tragen; das Kreuz, das später zur Mitte der christlichen Heilslehre wurde, während es für Juden bis heute eine Leidenswirklichkeit geblieben ist. Sollten wir dieses Kreuz nicht endlich umdeuten? Nicht nur als Erinnerung an brutale Unmenschlichkeit und an die Passion Jesu und allzu vieler seiner jüdischen Brüder wäre es zu verstehen, sondern auch zur Verkörperung des Glaubens unserer beider Bibelreligionen könnte es werden.

Gleicht der senkrechte Pfahl des Kreuzes nicht einem Pfeil, der, in der Erde wurzelnd, jäh zum Himmel weist – wie das Gebot der

Gottesliebe, das die volle Selbsthingabe fordert? Und gleicht der waagerechte Querbalken, der unparteiisch nach rechts und nach links deutet, nicht jener schrankenlosen Nächstenliebe, die weder reich noch arm, weder schwarz noch weiß, weder Jude noch Christ anerkennt, sondern einzig und allein Menschenbrüder, die im gemeinsamen Vater-Gott die beste Gewähr für Sinn und Hoffnung ihres Lebens finden?

Beide halten einander fest, da sie einander brauchen und zutiefst ergänzen – genau wie das große Doppelgebot der erlösenden Liebe, die die Mitte der Gesamtbibel darstellt.

So gedeutet, könnte dieses Kreuz vielleicht zum Zeichen der Versöhnung werden zwischen Jesu Brüdern und seinen Jüngern, die allzu lange Halleluja gegeneinander gesungen haben – nur um kontaktlos aneinander vorbei zu beten und vorbei zu leben.

Noch eine grammatische Merkwürdigkeit fällt beim Gebot der Nächstenliebe auf. Da es im Hebräischen keinen kategorischen Imperativ gibt, sondern nur die Zukunftsform, so heißt es eigentlich nicht: Du sollst deinen Nächsten lieben, sondern du *wirst* ihn lieben!

»Wann wird das geschehen?« So fragte einst einer der rabbinischen Kommentatoren mit Recht – worauf einer seiner Kollegen antwortete: »Sobald du die Frohbotschaft, die dem Zehngebot vorangeht, wirklich ernst nimmst – nämlich die Worte: Höre Israel, Ich bin der Ewige, dein Gott, Der dich befreit hat aus der Sklaverei in Ägypten.« (Exod 20,2) Sobald du dieser Gott-gegebenen Freiheit als einer Befreiung von jeder Angst, von aller menschlichen Unterjochung innewirst, dann wird es keiner Gebote noch Befehle mehr bedürfen, um die Nächstenliebe als Gottesliebe zur Selbstverständlichkeit zu machen. Denn wie anders könntest du deine Dankbarkeit deinem Schöpfer gegenüber konkret beweisen?

Nicht äußerer Zwang wird dann die Nächstenliebe sein, sondern innerer Drang,– ein Drang zur Hingabe an den Menschenbruder, den dir Gott geschenkt hat und den du brauchst, um reif und mündig in deiner Selbsterkenntnis zu werden.

Daher verwirft das Judentum jedwede weltfremde oder einsiedlerhafte Gottesliebe, die rein egoistisch dem Eigenheil dienen soll – genauso wie es jede Nächstenliebe ablehnt, die rein horizontale Mitmenschlichkeit predigt, wie sie auch in einer atheistischen Genossenschaft praktiziert werden kann. Nur eine Gottesliebe, die spontan und ungezwungen in Nächstenliebe mündet – nicht weil es nützlich oder anständig ist, sondern weil sie den Nachbarn als Menschenbruder unter Gott völlig anerkennt, in all seinem Gottgewollten Anderssein und Andersdenken, nur sie ist es in ihrer Zwei-Einigkeit, die dem Zweifüßler zur Ebenbildlichkeit Gottes verhilft; denn in ihr liegt die Zusammenfassung aller Zehn Gebote vom Sinai, deren Mittelpunkt sich in den Worten Jesu erschöpft: Liebe zu Gott und zum Mitmenschen; Gerechtigkeit, Mitleid und Vergebung der Sünden. Das ist die Summa der biblischen Frohbotschaft; der Rest ist Kommentar.

In unserer heutigen Welt der Selbstzerfleischung und der atomaren Überrüstung besitzt die Menscheit zum erstenmal die effektiven Mittel, um globalen Selbstmord zu begehen. Unter solchen Umständen ist die Nächstenliebe kein frommer Wunsch mehr noch das Thema für platonische Sonntagspredigten, sondern sie ist auch zum Diktat der nüchternen Realpolitik geworden:

Eine Welt – oder keine!

Auskommen – oder umkommen!

Das ist die Alternative, die sich den Bewohnern unseres Planeten immer eindringlicher aufdrängt. Es ist die Wahl zwischen Gut und Böse; Haß und Liebe; Fluch und Segen, vor die uns auch die Bibel stellt.

Und nun ein letzter Blick auf unseren Markustext.

Nicht Feindschaft noch Rechthaberei kennzeichnen hier die Beziehungen Jesu zu seinen jüdischen Zeitgenossen und Lehrkollegen, sondern echte Freundschaft, Sympathie und Brüderlichkeit. So war es einst – vor dem Auseinandergehen der Wege zwischen Kirche und Synagoge.

So kann es wieder werden – wenn wir alle das Gebot der Doppelliebe so ernst nehmen, wie Jesus selbst es tat. Denn dann, aber nur dann, »sind wir nicht fern vom Reiche Gottes«, wie er sagte.

In den vorstehenden Ausführungen finden sich verschiedentlich Abkürzungen rabbinischer Schriften, die im *Talmud*, der Sammlung von Lehren, Vorschriften und Überlieferungen des nachbiblischen Judentums, zusammengefaßt sind (im 5. Jahrhundert nach Chr. abgeschlossen). Es gibt einen babylonischen und einen Jerusalemer Talmud – auf den babylonischen verweist das vorangestellte »b«.

Abot	=	Talmudtraktat Abot (Sprüche der Väter)
Arachin	=	Talmudtraktat Arachin (Schätzungen)
AZ	=	Talmudtraktat Aboda Zara (Götzendienst)
Baba Mezia	=	Talmudtraktat (die »Mittlere Pforte«)
Berachot	=	das Talmudtraktat selbigen Namens (Segenssprüche)
Erub	=	Das Talmudtraktat Erubin (Vermischungen)
NuR	=	Numeri Rabba: Exegetische Kommentarsammlung zum IV. Buch Moses
Sanh	=	Talmudtraktat Sanhedrin (Gerichtshof)
Sota	=	ein Talmudtraktat (»die des Ehebruchs Verdächtigte«)
Tanch	=	Tanchuma: Bekannte Homiliensammlung zum Pentateuch, die Rabbi Tanchum (oder: Tanchuma) Bar Abba, einem Talmudmeister des IV. Jahrhunderts, zugeschrieben wird.
ARN	=	Abot des Rabbi Natan, ein außerkanonisches Traktat, das dem Traktat Abot (Sprüche der Väter) im babylonischen Talmud beigegeben wurde.

Jalkut:	ein mittelalterliches Sammelwerk rabbinischer Auslegungen zur gesamten Hebräischen Bibel
Mechilta:	Rabbinische Auslegung zum Buche Exodus, die dem Rabbi Simeon Ben Jochai (II. Jahrhundert) zugeschrieben wird.
Techum:	die talmudische Begrenzung von sabbatlichen Ausgängen und Reisen auf 2000 Ellen außerhalb des »Sabbatgebietes«, das im allgemeinen auf den Bereich einer Stadt oder eines Dorfes beschränkt ist.

halachisch:	religionsgesetzlich

Bibelstellenverzeichnis

99

Nachwort

Das vorliegende Buch geht auf eine Vortragsreihe zurück, die auf einer Studientagung der Katholischen Akademie Hamburg von Prof Dr. Pinchas Lapide zum Thema »Mit einem Juden das Evangelium lesen – ausgewählte Abschnitte in jüdischer Auslegung« im Jahre 1979 stattgefunden hat.

Damit konnte in einer vielbeachteten Reihe von Initiativen ein weiterer Schritt zur Vertiefung des christlich-jüdischen Gesprächs getan werden. Es darf als bedeutungsvolle Öffnung auf diesen christlich-jüdischen Dialog hin gelten, daß das II. Vatikanische Konzil im Artikel IV der Deklaration Nostra Aetate die Kirche ausdrücklich daran erinnert, »daß sie durch jenes Volk, mit dem Gott aus unsagbarem Erbarmen den Alten Bund geschlossen hat, die Offenbarung des Alten Testaments empfing und genährt wird von der Wurzel des guten Ölbaums«. In diesem Sinne »will die hl. Synode die gegenseitige Erkenntnis und Achtung fördern, die vor allem die Frucht biblischer und theologischer Studien sowie des brüderlichen Gesprächs ist.«

In der Folge dieses ermutigenden Ansatzes ist seither vieles unternommen worden, das zur Offenlegung oft tiefverschütteter, ja bewußt vermauerter Gemeinsamkeiten beitragen kann.

Besondere Aufmerksamkeit verdient in diesem Bemühen der Umgang mit der Heiligen Schrift, von dem der Primas von Belgien unlängst sagte: »Wir müssen der orientalischen Ausdrucksweise näher kommen, die den Juden in ganz besonderer Weise eigen ist ... Die Juden haben da eine heilige Tradition, eine Kontinuität, eine Sprache und einen Stil, die uns helfen, die Seiten unserer Glaubensquellen besser zu verstehen.«

Es kann daher gerade für Christen aufschlußreich sein, im Dialog mit einem engagierten Juden aus seiner Tradition und Interpretationsweise das Evangelium zu durchleuchten. Der vorliegende Band möchte dazu anregen.

Günther Gorschenek   *Wilm Sanders*

102

Jüdische Feste

Joyce Hannover

Gelebter Glaube

Die Feste des jüdischen Jahres.
Mit Bildern von Hartmut
R. Berlinicke und einem Vorwort
von Schalom Ben-Chorin. Aus dem
Englischen übertragen von
C. Elischeva Voll. Ein NES AMMIM
Buch. 2. Auflage. 126 Seiten mit
zahlreichen Fotos. (GTB 778).
[3-579-00778-5]

»In einer Zeit, in der viele vieles über Antisemitismus, aber sehr wenig über das Judentum wissen, ist ein überschaubares Handbuch wie dieses von Joyce Hannover von großem Nutzen. Die zehn hohen jüdischen Festtage der biblischen und nachbiblischen Zeit und der wöchentliche Schabbat werden nach ihrer theologischen Bedeutung, mit ihren kultischen Vorschriften, ihren Riten und Bräuchen erklärt. Das Buch ist ein auch für junge Leser oder für Einsteiger in die religiöse Welt des Judentums gut geeignetes Nachschlagewerk«.
Deutsches Allgemeines Sonntagsblatt

Gütersloher Verlagshaus
G e r d   M o h n

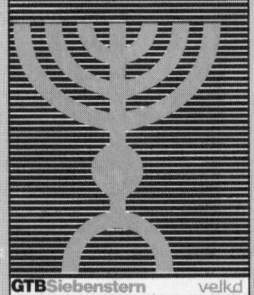